T0209708

essentials

essentials liefern aktuelles Wissen in konzentrierter Form. Die Essenz dessen, worauf es als „State-of-the-Art" in der gegenwärtigen Fachdiskussion oder in der Praxis ankommt. *essentials* informieren schnell, unkompliziert und verständlich

- als Einführung in ein aktuelles Thema aus Ihrem Fachgebiet
- als Einstieg in ein für Sie noch unbekanntes Themenfeld
- als Einblick, um zum Thema mitreden zu können

Die Bücher in elektronischer und gedruckter Form bringen das Expertenwissen von Springer-Fachautoren kompakt zur Darstellung. Sie sind besonders für die Nutzung als eBook auf Tablet-PCs, eBook-Readern und Smartphones geeignet. *essentials:* Wissensbausteine aus den Wirtschafts-, Sozial- und Geisteswissenschaften, aus Technik und Naturwissenschaften sowie aus Medizin, Psychologie und Gesundheitsberufen. Von renommierten Autoren aller Springer-Verlagsmarken.

Weitere Bände in der Reihe http://www.springer.com/series/13088

Georg Adlmaier-Herbst · Annette Mayer

Der Forscher als Marke

Die einzigartige
Forscherpersönlichkeit erkennen,
positionieren und kommunizieren

Springer Gabler

Georg Adlmaier-Herbst
Berlin, Deutschland

Annette Mayer
Berlin, Deutschland

ISSN 2197-6708   ISSN 2197-6716 (electronic)
essentials
ISBN 978-3-658-33067-5   ISBN 978-3-658-33068-2 (eBook)
https://doi.org/10.1007/978-3-658-33068-2

Die Deutsche Nationalbibliothek verzeichnet diese Publikation in der Deutschen Nationalbibliografie; detaillierte bibliografische Daten sind im Internet über http://dnb.d-nb.de abrufbar.

Planung/Lektorat: Barbara Roscher
Springer Gabler ist ein Imprint der eingetragenen Gesellschaft Springer Fachmedien Wiesbaden GmbH und ist ein Teil von Springer Nature.
Die Anschrift der Gesellschaft ist: Abraham-Lincoln-Str. 46, 65189 Wiesbaden, Germany

Was Sie in diesem *essential* finden können

- **Eigene Forscherpersönlichkeit erkennen:** Wir zeigen Ihnen, wie Sie Ihre eigene, einzigartige Forscherpersönlichkeit erkennen und kontinuierlich entwickeln können. Unter Forscherpersönlichkeit verstehen wir alle charakteristischen, individuellen Eigenschaften des Forschers. Sie bestimmen dessen Denken, Fühlen und Handeln.
- **Bezugsgruppen definieren:** Sie lernen die Bedeutung von Personen und Bezugsgruppen kennen, die Sie beim Erreichen Ihrer Forscherziele unterstützen können.
- **Forschermarke positionieren:** Sie erfahren, nach welchen Kriterien Sie Ihre Alleinstellung im akademischen Umfeld erreichen.
- **Forschermarke vermitteln:** Wir zeigen Ihnen, wie Sie Ihre einzigartige Forschermarke an Ihre wichtigen Bezugsgruppen wirkungsvoll vermitteln.
- **Vorstellungsbild erfolgreich gestalten:** Das Vorstellungsbild von Ihrer Forscherpersönlichkeit kann beitragen, dass Sie Ihre Ziele als Forscher besser erreichen und mehr bewegen.

Vorwort

Zusammenfassung

Dieses Kapitel erklärt die Bedeutung der Markenführung für Forscher*innen und ermuntert, die eigene Forschermarke zu erkennen, zu positionieren und zu vermitteln. Die Einleitung erklärt den Aufbau des Buches mit einer Kurzangabe der Abschnitte und definiert die Zielgruppe des Buches.

Beginnen wir mit einem kleinen Test. Was fällt Ihnen ein, wenn Sie an folgende Forscher denken: Stephen Hawking? Albert Einstein? Lise Meitner? Vielleicht deren Forschungsgebiete? Anekdoten? Auszeichnungen? Einzigartige Forscherpersönlichkeiten wie diese drei können wir als Marken bezeichnen – ähnlich der Umgangssprache, in der wir zu einzigartigen Menschen sagen: „Mensch, Du bist ja eine Marke!".

Bedarf an Profilierung für Forschende steigt

Warum ist das Thema für Forscher*innen so wichtig? Zunehmend müssen sie sich im akademischen Umfeld klar und deutlich positionieren und in der Öffentlichkeit überzeugend präsentieren – sei es aufgrund von Wettstreit bei Stellenbesetzungen, Kampf um Fördergelder, kritische Fragen der Öffentlichkeit über den Sinn von Forschung.

Sicher, für den Forschenden stehen die Inhalte der eigenen Forschung im Zentrum: Erkenntnisse über die Welt zu gewinnen und damit Fragen zu beantworten und Probleme zu lösen. Jedoch kann die einzigartige Forschermarke sowohl in der akademischen Welt als auch in der Öffentlichkeit das erfolgreiche Einwerben von Drittmitteln enorm unterstützen, das Knüpfen von Kooperationen und die gesellschaftliche Aufmerksamkeit für Wissenschaft. Beispiele für weitere Anlässe:

- **Konkurrenz der Forschungseinrichtungen an den Hochschulen nimmt zu** und damit der Druck zur Profilierung. Renommierte Forschermarken machen Forschungsstätten für andere Forscher*innen, Studierende etc. attraktiv.
- **Suche nach Kooperationspartner:** Forschung ist Teamwork. Starke Forschermarken erhöhen die Chance, stark umworbene Kooperationspartner*innen zu finden.
- **Rekrutierung von wissenschaftlichem Nachwuchs:** Dies gelingt zum einen durch guten Transport der Forschung in die Lehre, zum anderen, indem die attraktive Forschermarke auf internationale Nachwuchswissenschaftler*innen ausstrahlt und diese für die Zusammenarbeit gewinnt.
- **Steigendes Interesse der Massenmedien:** Immer mehr fördert die Karriere, wenn Forschende als Interviewpartner*innen in populären Medien erscheint wie im Fall von Wissenschaftssendungen im Fernsehen, Forschungsbeilagen in Wochenzeitschriften oder in Videos auf YouTube.
- **Transfer von Forschungsergebnissen** in die Wirtschaft und die Gesellschaft, wenn diese dort bedeutend sind.
- **Legitimation von Forschung in der Öffentlichkeit:** Forscher*innen müssen zunehmend den Sinn ihrer Forschung erklären, wie diese zum Allgemeinwohl beiträgt und wie sie in ihren Forschungsprojekten verantwortlich handeln. Beispiel: Das Sammeln und Aufbereiten großer Datenmengen aus aller Welt (Big Data) kann zu dramatischen Durchbrüchen in der Medizin führen, indem sie zuverlässigere Diagnosen und gezieltere Behandlungen ermöglichen; andererseits entstehen Ängste in der Gesellschaft, was mit den privaten Daten geschieht.

Das Beispiel Corona

zeigt, welche Bedeutung Forscher*innen in der Öffentlichkeit zukommt: Sie sind Informationsgeber, Meinungsbildner, Ratgeber. Sie sind wichtige Vertrauensanker, wo Laien Inhalte nicht verstehen oder sich Expert*innen uneins sind. Dann nämlich vertrauen Sie jenen Forschenden, von dem sie ein klares Bild haben und als Mensch überzeugt. Journalist*innen lieben jene Forschermarken, die telegen sind, eine klare Position zu Corona vertreten und regelmäßig interviewt werden können wie der Virologe Christian Drosten.◄

Nutzen der starken Marke für Forscher
Der Prozess der systematischen und gezielten Entwicklung der eigenen Forschermarke hat vor allem folgende Vorteile:

- **Klares Selbstbild:** Der Forschende gewinnt ein eigenes klares Vorstellungsbild von der eignen Persönlichkeit (Selbstbild).
- **Gezielte Entwicklung der Forscherpersönlichkeit:** Der Forschende kann durch Reflexion seine Persönlichkeit gezielt entwickeln.
- **Ausrichtung aller Aktivitäten auf die Marke:** Der Forschende kann die Aktivitäten zur Vermittlung seiner Marke konzentrieren.
- **Klare Positionierung im Wettbewerb:** Der Forschendekann sich klar und deutlich in seinem Umfeld positionieren und dadurch eine Alleinstellung erzielen.
- **Mehr Unterstützung durch Bezugsgruppen:** Wichtige Bezugsgruppen, die das Handeln des Forschedenerleichtern, werden sich aufgrund ihres Vorstellungsbildes vom Forschenden (Fremdbild) positiver verhalten als ohne dieses.

Viele gelungene Beispiele gibt es schon

Immer mehr Forscher:*innen erkennen die Bedeutung, ihre hart errungene Forschungsleistung und ihre Person als Marke aufzubauen. Ihnen ist es gelungen, sich und ihre Themen in das akademische Umfeld, aber auch in die breite Öffentlichkeit zu tragen. Beispiele sind die Nobelpreisträger Daniel Kahneman (Wirtschaftswissenschaften), Eric Kandel (Medizin) und Elisabeth Blackburn (Medizin), die sich unter anderem in TED-Talks präsentieren. Forschermarken können wir schnell erkennen wie den Hirnforscher Gerald Hüther und den Historiker Yuval Noah Harari. Wir können sie deutlich von anderen Forschenden unterscheiden und diesen vorziehen.

Die Beispiele der Nobelpreisträger zeigen auch, dass es möglich sein kann, den Spagat zwischen der Karriere nach klassischen wissenschaftlichen Maßstäben (Publikationen in wissenschaftlichen Journalen, Vorträge auf Fachkonferenzen etc.) und der Vermittlung der eigenen Arbeit an die breite Öffentlichkeit zu meistern. Immer noch gelten beide als getrennt Welten, doch sie überschneiden sich immer stärker durch die Veränderungen in Forschung/Wissenschaft und Gesellschaft. ◀

Viel Raum für neue Forschermarken

ist durch die Digitalisierung entstanden: Neue Forschungsgebiete sind digitale Technologien wie die Nanotechnologie, neue Geschäftsmodelle wie die Plattformökonomie, neue Produkte und Leistungen wie selbstfahrende Autos und neue Beziehungen durch Social Media. Einige Experten sind schon zur Marke geworden wie die Expertin für Künstliche Intelligenz Katharina Zweig, der Google Chef-Forscher Raymond Kurzweil und der Roboter-Experte Rolf Pfeifer. Sie sind die Leuchttürme in der Welt der Digitalisierung. Sie weisen den Weg in die Zukunft. Sie können die Stärken der Digitalisierung aufzeigen und auf Bedenken, Unsicherheiten und Ängste in der Bevölkerung eingehen. Gibt es Forschermarken für Biotechnologie, e-Mobility, und E-Health?◄

▶Die Forschermarke ist die Gesamtheit der charakteristischen, einzigartigen Eigenschaften des Forschenden. Sie bestimmen dessen Denken, Fühlen und Handeln.

Den Forschenden als Marke zu begreifen bedeutet, die umfangreichen Erkenntnisse der Markenführung zu nutzen, um die eigene einzigartige Forscherpersönlichkeit zu erkennen und diese den wichtigen Bezugsgruppen zu vermitteln. Das Ziel ist: Die Bezugsgruppen wie die Scientific Community, Geldgeber, Medien und Politik sollen den Forschenden mit bestimmten Eigenschaften verbinden, die diese einzigartig und attraktiv machen – eine Marke ist das, was man nicht kopieren kann.

Die Markenführung für Forschende besteht demnach aus drei Bausteinen:

- **Die Forscherpersönlichkeit** umfasst das Selbstbild über die eigene Persönlichkeit, die eigene Leistung und Erkennungsmerkmale.
- **Die Vermittlung der Forscherpersönlichkeit an die Bezugsgruppen** erfolgt durch das äußere Erscheinungsbild, die Kommunikation sowie das Verhalten.
- **Bekanntheit und Image als Wirkung:** Ziel Ihrer Markenführung als Forscher*in ist, sich bei wichtigen Bezugsgruppen bekannt zu machen und das Vorstellungsbild (Image) Ihrer Forscherpersönlichkeit samt Leistungen langfristig zu entwickeln.

Die Gestaltung der Bausteine stellt einen systematischen und langfristigen Prozess des Selbstmanagements dar. Das Konzept ist Ihr konkreter Vorgehensplan, der aus 4 Schritten besteht:

- **Analyse:** Sie ergründen Ihre Ausgangssituation und leiten die Aufgaben für Ihre Markenführung ab (Handlungsbedarf).
- **Planung:** Sie planen anhand von Zielen, Strategien und Maßnahmen, wie Sie diese Aufgaben lösen.
- **Kreation:** Sie gestalten Ihre Maßnahmen durch wirkungsvolle Texte, Bilder und Aktionen.

- **Kontrolle:** Sie legen fest, wie Sie das Erreichen Ihrer Ziele steuern und den Erfolg Ihrer Markenführung kontrollieren.

Über dieses Buch

Jeder Forschende hat die Chance, seine Persönlichkeit, seine Kompetenzen und seine Leistungen erfolgreich nach außen zu vermitteln. Social Media eröffnen völlig neue Wege der Positionierung als Meinungsbildner und den Auf- und Ausbau des eigenen Expertenstatus. Jedoch wissen viele Forschende nicht, wie sie sich optimal auf dem akademischen und dem öffentlichen Parkett als Forschermarke präsentieren können. Dieses Buch erläutert Ihnen die Schritte, wie Sie Ihre einzigartige Forscherpersönlichkeit erkennen, im akademischen Umfeld positionieren und als authentische Eigendarstellung gestalten können.

Aufbau des Buches

Nach dieser Einleitung gibt Ihnen die Einführung in Kap. 1 den Überblick über das Konzept der Markenführung für Forschende. Es führt Sie durch die Schritte, um Ihre eigene Forschermarke zu erkennen und klar zu positionieren. Kap. 2 erläutert den Umgang mit Bezugsgruppen, die Forschende unterstützen können, die eigenen Ziele zu erreichen. Kap. 3 stellt vor, welche Optionen Sie haben, Ihre Forschermarke wirkungsvoll zu vermitteln. In Kap. 4 folgen Erläuterungen zu den Zielen der Markenführung: der Bekanntheit und dem einzigartigen Forscherimage. Schließlich zeigt Ihnen Kap. 5, wie Sie Ihr Vorgehen zum Aufbau Ihrer Forschermarke in einem langfristigen Konzept festlegen können.

Wir Autoren möchten Menschen mit diesem Buch erreichen, die sich in das Thema schnell einlesen wollen, aktuelle Informationen suchen und Wert auf höchste Qualität von Informationen legen. Falls Ihnen unser Buch gefallen hat, können Sie das Thema im Buch „Selbstmarketing in der Wissenschaft" vertiefen, das Anfang des kommenden Jahres im Springer Verlag erscheinen wird.

Danksagung

Danken möchten wir herzlich der Essentials-Projektgruppe sowie allen KollegInnen aus dem Lektorat, der Herstellung und dem Marketing. Wir wünschen Ihnen viel Spaß bei der Lektüre und viele Anregungen.

Berlin   Georg Adlmaier-Herbst
2020   Annette Mayer

Inhaltsverzeichnis

Über die Autoren

Prof. Dr. Georg Adlmaier-Herbst ist Autor des Buches „Der Menschen als Marke" (2004). Er leitet die Forschungsstelle „Berliner Management Modell für die Digitalisierung (BMM)" am Berlin Career College der Universität der Künste Berlin. Er unterrichtet in dem Masterstudiengang Wissenschaftsmanagement an der Technischen Universität Berlin. Außerdem ist er seit vielen Jahren Modulverantwortlicher in mehreren Executive-Lehrgängen an der Universität St. Gallen.

Prof. Dr. Annette Mayer leitet die Zentraleinrichtung Wissenschaftliche Weiterbildung und Kooperation der Technischen Universität Berlin. Die Zentraleinrichtung bietet Wissenschaftlern ein breites Angebot an Weiterbildung zu Wissenschaftsmanagement und -kommunikation. Sie ist Sprecherin des Masterstudiengangs Wissenschaftsmanagement der TU Berlin.

Die Forscherpersönlichkeit

Im Mittelpunkt der Markenführung für Forscher steht die einzigartige Forscherpersönlichkeit, also die Gesamtheit der charakteristischen, individuellen Eigenschaften des Forschenden. Warum ist sie so wichtig? Stellen Sie sich die Flut von Forschern an Universitäten und Forschungseinrichtungen vor: Nur jener Forschendesticht aus dieser Masse heraus, der über seine ausgewiesene Fachkompetenz hinaus eine starke und einzigartige Persönlichkeit hat. Forscherpersönlichkeiten sind Leuchttürme im Forschermeer. Die Forschermarke können wir schnell und deutlich erkennen. Wir können sie durch ihr Profil klar von anderen unterscheiden. Wir wissen, wofür der Forschendesteht und wir meinen, dass dieser Forschende am besten zu uns passen würde. Im Markenolymp wäre er, wenn der Forschende stellvertretend für sein Fachgebiet und seine Forschungsthemen steht. Bei bestimmten Merkmalen denkt man sofort an ihn und – umgekehrt – assoziiert man den Menschen sofort mit bestimmten Merkmalen: Als Psychologen kennen viele Menschen vor allem Siegmund Freud, als Astrophysiker Stephen Hawking, als Pathologie-Marke Mark Benecke, der von Journalisten gern als „Herr der Maden" bezeichnet wird. Viele kennen als einzige Chemikerin die YouTuberin Dr. Mai Thi Nguyen-Kim. 2018 wurde sie zur Wissenschaftsjournalistin des Jahres gewählt.

Vertrauen als Grundlage menschlicher Beziehungen

Vertrauen ist essenziell für das Gelingen von Beziehungen. Vertrauen bedeutet, sich auf den Forschenden verlassen zu können. Wir nehmen das Risiko als gering wahr, enttäuscht zu werden: Die Studien entsprechen den wissenschaftlichen Qualitätsstandards, die abgeleiteten Empfehlungen sind korrekt und hilfreich, das Geld für das Lehrbuch ist gut angelegt.

G. Adlmaier-Herbst und A. Mayer, *Der Forscher als Marke*, essentials, https://doi.org/10.1007/978-3-658-33068-2_1

Das Vertrauen in die Zuverlässigkeit legt den Grundstein für eine langfristige Beziehung, denn wir bleiben nur dem treu, dem wir vertrauen. Hingegen ist Vertrauen schnell dahin, wenn Forschungsergebnisse gefälscht oder durch Industriekooperationen manipuliert sind. Die Leistung muss stimmen. Optimal ist, wenn der Forschende ein Erlebnisversprechen abgibt, das er stets einhält. Kompetenz wird somit zur Grundlage von Vertrauen.

1.1 Motive des Forschenden

Zur Bestimmung der charakteristischen, individuellen Eigenschaften des Forschenden lassen sich dessen Motive heranziehen. Motive sind Handlungsantriebe („Warum hat er das getan?"), die Denken, Fühlen und Handeln bestimmen. Warum forscht eine Wissenschaftler*in monatelang, um dann ein Ergebnis verwerfen zu müssen? Warum streitet er sich um Forschungsfelder? Warum brütet er nächtelang über wissenschaftlichen Publikationen in wichtigen Fachzeitschriften? Die Antwort liegt in seinen Motivsystemen. Es gibt vier davon: Leistung, Beziehung, Macht und Freiheit.

> **Die vier Motivsysteme des Menschen**
> - Leistungsmotiv
> - Beziehungsmotiv
> - Machtmotiv
> - Freiheitsmotiv

Leistung ist der Antrieb, Herausforderungen zu meistern; Beziehung ist das Streben nach sozialem Kontakt und geglückten Bindungen; Macht ist der Antrieb, etwas bewegen zu wollen. Das Freiheitsmotiv ist das Bedürfnis nach freiem Selbstsein. Schauen wir uns die vier sozialen Motive genauer an:

Leistung

Menschen mit einem ausgeprägten Leistungsmotiv sind neugierig, sie wollen Dinge erforschen, Neues lernen und ihre Kompetenzen erweitern. Sie vergleichen ihre Leistung gerne mit vorangehenden eigenen Resultaten (innerer Gütemaßstab) oder mit Konkurrenten/Mitspielern (äußerer Gütemaßstab). Es ist ihnen wichtig, dass etwas gelingt. Leistungsmotivierte stellen sich Herausforderungen, bei denen sie sich bewähren oder versagen können. Anreize sind selbstständiges Lösen schwieriger Aufgaben, was Stolz und Zufriedenheit auslöst. Der Leistungstyp meidet Beschämung und Niedergeschlagenheit durch Misserfolg. Typische Aussagen:

- Ich liebe neue Herausforderungen.
- Ich bin vermutlich genau die richtige Person für diese schwierige Aufgabe.
- Ich will immer besser werden.
- Wenn ich weniger Fehler mache als beim letzten Mal, dann ist das ein Erfolg.
- Ich entwickele meine eigene Methode, um diese Aufgabe zu lösen.

Beziehung

Das Beziehungsmotiv steht für den Wunsch nach sozialen Kontakten, neuen Bekanntschaften und Freundschaften – auch beruflich. Motivierend sind Aufbau, Aufrechterhaltung und Wiederherstellung von Bezogenheit, Nähe, persönlicher Begegnung und freundschaftlichen Beziehungen zu anderen Menschen. Beziehungsmotivierte suchen Geborgenheit, Wärme, Sicherheit, Herzlichkeit und Freundlichkeit. Es ist ihnen besonders wichtig, dass eine gute Stimmung in ihrem Umfeld herrscht. Typische Aussagen sind:

- Ich freue mich immer sehr, meine Forscherkollegen wiederzusehen.
- Ich suche mir gern die Leute aus, mit denen ich gern zusammenarbeite.
- Ich forsche, um die Menschen der Welt näher zueinander zu bringen.
- Gutes Klima mit anderen ist mir wichtig.
- Ich liebe Netzwerke von Forscher*innen.

Macht

Der Machtmotivierte liebt es, etwas zu bewegen. Machtmotivierte streben nach Einfluss auf andere oder die Situation. Sie suchen aktiv nach der Übernahme von Führungsverantwortung und möchten die Richtung in Gruppen vorgeben. Der Machtorientierte lässt sich durch Tätigkeiten motivieren, die er mit viel Energie, Durchsetzungskraft und Beharrlichkeit angehen kann – auch bei Widrigkeiten. Typische Aussagen sind:

- Ich freue mich, wenn jemand meinen Rat braucht.
- Ich möchte nicht kontrolliert werden, sondern die Verantwortung für diese Aufgabe übernehmen.
- Ich möchte etwas bewegen in der Welt.
- Ich genieße es, anderen Menschen mein Wissen weiterzugeben.
- Ich fühle mich gut, wenn ich mehr weiß als andere.

Freiheit

Das Freiheitsmotiv steht für Unabhängigkeit, Eigenständigkeit, Selbsterkenntnis und Selbstwachstum. Wir fühlen uns frei, wenn wir so sein können, wie wir möchten, unabhängig von inneren und äußeren Zwängen. Beim Freiheitsmotiv geht es im Gegensatz zum Machtmotiv um Freiheit nach innen, also um Selbstentfaltung, während es beim Machtmotiv um nach außen gerichtete Selbstbehauptung geht. Typische Aussagen sind:

- Ich habe volles Vertrauen in meine Fähigkeiten.
- Ich überlege mir gern, wie ich das für mich am sinnvollsten lösen könnte.
- Ich habe gern das Gefühl, meine Meinung/Ideen offen und frei sagen zu können und nicht auf andere Rücksicht nehmen zu müssen.
- Ich möchte möglichst unabhängig arbeiten.
- Ich möchte meinen eigenen Weg gehen.

Jeder Mensch hat alle vier Motivsysteme; sie sind jedoch unterschiedlich stark ausgeprägt – wir unterschieden uns im individuellen Persönlichkeits-Mix.

Gefühle als Signalgeber

Wie können wir herausfinden, ob wir diese vier Motive gemäß unserer Persönlichkeit ausleben? Hier kommen die Gefühle ins Spiel: Sie sind wichtige Signalgeber, ob und wie stark es uns gelingt, unsere Motive so zu leben, dass es uns guttut: Stellen wir für uns ausreichend Beziehungen her, fühlen wir uns sicher und geborgen; können wir es nicht verwirklichen, fühlen wir uns einsam. Wir genießen, Dinge voranzubringen und meiden das Gefühl von Unterlegenheit. Statt Langeweile möchten wir angeregt sein.

Gefühle gehen immer einher mit Körperreaktionen wie einem wohligen Gefühl im Magen, einem Schauer über den Rücken, Verspannungen in der Schulter und Angstschweiß. Diese Körpersignale, „somatische Marker" genannt, erleichtern den Zugang zu unseren Gefühlen und liefern wertvolle Hinweise zu unseren Motiven [12].

> ▶ Emotionen sind wichtige Signale, ob wir die Motive unserer Persönlichkeit gemäß ausleben.

1.1.1 Ermitteln der eigenen Persönlichkeit

Zur Bestimmung Ihres Persönlichkeits-Mix prüfen Sie, welche Motive stärker und welche schwächer ausgeprägt sind. Hierbei können Ihnen die folgenden Fragen helfen, die Sie möglichst spontan beantworten sollten. Versuchen Sie zu ergründen, warum Sie so geantwortet haben.

Fragen zu Ihren Motiven

- Ihre größten Erfolge?
- Was mögen Sie an sich besonders?
- Was ist Ihnen wichtig im Leben?
- Was würden Sie gern erfinden?
- Auf welche Leistungen sind Sie besonders stolz?
- Wofür geben Sie Ihr Geld am liebsten aus?
- Worüber können Sie sich freuen?
- Worüber können Sie sich ärgern?
- Welchen Traum wollen Sie sich erfüllen?
- Welches Tier wären Sie am liebsten? Welches Tier lieben Sie?
- Welche Schlagzeile würden Sie gerne über sich in der Zeitung lesen?
- Ihr Lieblingsmärchen war:
- Ihre liebste Märchenfigur war:
- Als Kind träumten Sie zu sein wie …?

Sie können die von Ihnen eingeschätzte Stärke in Tab. 1.1. eintragen. Für die Stärke der Motive empfehlen wir Ihnen, eine Schätzung zwischen 1–10 oder 1–100 abzugeben. Hinweis: Es muss nicht punktgenau sein. Sie könnten formulieren: „30" und auch „weniger als" bzw. „mehr als" (Tab. 1.1).

1.1.2 Unbewusste Motive

Bisher haben wir über bewusste Motive gesprochen (explizite Motive). Motive können auch unbewusst sein (implizite Motive). Explizite Motive sind jene Einschätzungen, die wir von uns geben, wenn wir uns selbst oder andere danach fragen. Unbewusste Motive entziehen sich – wie der Name schon sagt – unserem Bewusstsein. Es ist möglich, dass die bewussten und unbewussten Motive im Wettstreit liegen: Vielleicht strebt der Forschenden bewusst eine internationale Karriere mit vielen Dienstreisen an; jedoch ist unbewusst wichtiger, zu Hause in

Tab. 1.1 Motivkarte für den Forschenden

Motiv	Motivstärke (Selbsteinschätzung)
Bindung: Welche Bedeutung haben Sicherheit, Geborgenheit, Bindung und Fürsorge?	
Leistung: Welche Bedeutung haben Entdeckung, Erfolg, Gütekriterien, Kreativität?	
Macht: Welche Bedeutung haben Macht, Autonomie, Status, Siegeswillen?	
Freiheit: Welche Bedeutung haben Unabhängigkeit, Eigenständigkeit, Selbsterkenntnis?	

der Nähe seiner Familie und Freunden zu sein. Zahlreiche Studien zeigen, dass Selbsteinschätzungen und implizite Motive oft weit auseinander liegen.

▷   Unsere Empfehlung: Ermitteln Sie auch Ihre impliziten Motive, um Ihre Forscherpersönlichkeit angemessen erkennen und gestalten zu können.

Wie können Sie Ihre unbewussten Motive erkennen?

Verstehen eigener Handlungen Erinnern Sie sich an Handlungen und versuchen rückblickend zu erkunden, welches Motiv zugrunde lag: Warum haben Sie sich für ein bestimmtes Thema oder Projekt entschieden und nicht ein anderes? Warum haben Sie jene Kooperation vorgezogen und nicht eine andere?

Fragen Sie andere Menschen Studien zeigen, dass selbst Menschen, die Sie nur kurz kennen, mit dem Urteil ihrer langjährigen Freunde sehr ähnlich sind. Hören Sie sich um. Sprechen Sie mit anderen Menschen und versuchen Sie, ein ungeschminktes Bild einzuholen, wie andere Menschen Sie sehen. Ordnen Sie diese Einschätzungen den Motiven zu.

Psychologische Tests Die Exploration des Unbewussten kann sehr gut über Bilder und Geschichten erfolgen. Das Zürcher Ressourcen Modell (ZRM) von Maja Storch und Frank Krause [12] erkundet implizite Motive mit einer Bildauswahl, die Sie auch auf der Website des Instituts anschauen können (www.zrm.ch/online-tool). Das Prinzip der Erkundung basiert auf der Projektion aktivierter Motive auf Bildinhalte. Wissenschaftlich basiert ist auch der Operante-Motiv-Test (OMT), der an der Universität Osnabrück entwickelt wurde (www.impart.de). Diese Tests sind sehr aussagekräftig, erfordern aber einen Profi zur Durchführung. Wir empfehlen Ihnen daher, einen zertifizierten Coach hinzuziehen.

Anstoß zur Persönlichkeitsentwicklung
Sie haben Ihre bewussten und unbewussten Motive erfasst. Vielleicht liegen diese sogar weiter auseinander als Sie vermutet haben. Sie könnten an dieser Stelle darüber nachdenken, einen tieferen Prozess der Selbsterkenntnis anzustoßen, indem Sie Ihren Motiven weiter auf den Grund gehen. Dies kann die Definition Ihrer Forscher*innenpersönlichkeit unterstützen und zu Ihrer Persönlichkeitsentwicklung beitragen.

1.2 Leistung und Kompetenz des Forschenden

Zur Forschermarke gehören zum einen die Persönlichkeit des Forschers, zum anderen dessen Kompetenz. Die Kompetenz des Forschers zeigt sich in dessen Qualifikationen, seinen Forschungsgebieten und -themen, Zitieren durch andere Forscher, seinen Titeln, Positionen, Auszeichnungen, Follower, Likes.

In der Wissenschaft gibt es zahlreiche Belege für die Kompetenz des Forschenden wie

- **Qualifikation:** Ausbildung, Weiterbildung, Karriereschritte
- **Forschung:** exklusive Forschungsthemen, Qualität von Projekten, Ergebnisevaluationen und Gutachtertätigkeiten
- **Publikationen:** Veröffentlichung in A-Journals und Fachzeitschriften, Monografien, Sammelbände, Herausgeberfunktionen, Reviewer-Tätigkeiten
- **Lehre:** besondere Methoden und Lehrformate, zum Beispiel MOOCs, Online-Workshops, studierendenzentrierte und forschungsorientierte Lehre
- **Netzwerken/Co-Branding:** gemeinsame Projekte mit Forschern anderer Universitäten und Instituten national und international, Forschungsaufenthalte in anderen Einrichtungen, Mitglied in Verbänden, Erfahrungen in Instituten, Organisation von Netzwerktreffen und Kongressen, Empfehlungen anderer Forscher, Beirats- und Beraterfunktionen
- **Projekte mit gesellschaftlicher Relevanz:** Begleitung partizipativer Prozesse, Bürgerbeteiligung, erweiterter Transferbegriff, Forschen mit der Gesellschaft, Beiträge in Diskussionsrunden, Seminaren und nicht-fachlichen Zeitschriften.

Ihre Kompetenz sollten Sie lebendig und deutlich wahrnehmbar vermitteln.
Beweisen Sie diese mit konkreten Beispielen aus Ihrer Forschung.

1.3   Positionierung der Forscher*innenpersönlichkeit

Positionierung bedeutet, Ihre Forscher*innenmarke in den Köpfen Ihrer Bezugs-
gruppen dauerhaft zu verankern – Sie nehmen dort einen Logenplatz ein. Für die
Wirkung Ihrer Positionierung ist entscheidend, ob Ihre Bezugsgruppen ein klares
Bild von Ihnen und Ihrer Kompetenz haben. Je klarer und einzigartiger Ihr Profil
ist, desto stärker der Unterschied zu anderen Forscher*innen. Im Ergebnis wissen
Ihre Bezugsgruppen genau, wer Sie sind, worin Ihre Leistung besteht und worin
Sie sich von anderen unterscheiden.

▶   Profilierung durch Profil: Klarheit über Ihre Forschermarke ist wich-
     tigstes Wirkprinzip (Superdimension).

1.3.1 Vorgehen

Als Modell für die Positionierung können wir wieder die vier Motive des
Menschen nutzen. Gehen Sie wie folgt vor:

1. **Eigene Motive prüfen:** Prüfen Sie jedes der 4 Motivsysteme, wie stark sie bei
   Ihnen ausgeprägt sind und Ihr Denken, Fühlen und Handeln betrifft.
2. **Motive Ihrer Bezugsgruppen prüfen:** Sie prüfen die Motive Ihrer Bezugsgruppen und wie diese hierzu beitragen können. Also was zum Beispiel ist
   dem Geldgeber wichtig: Sicherheit? Neue Wege der Förderung? Ergebnisse,
   die möglichst wirksam sind?
3. **Sich in einem Motivsystem positionieren:** Wählen Sie ein oder zwei
   Motivsysteme aus und stellen Sie diese besonders bei der Vermittlung an die
   Bezugsgruppen heraus, zum Beispiel Macht und Leistung.

1.3.2 Kriterien für die Positionierung

Für die Positionierung gelten folgende Kriterien:

- **Was kann ich am besten:** Zum Beispiel gute Beziehungen in Forschernetzwerken pflegen? Dinge voranbringen? Völlig Neuartiges erfinden?
- **Was will die Bezugsgruppe:** Das Motivfeld, das Sie besetzen, muss entscheidungsrelevant für die Bezugsgruppe sein, also woran richtet die Bezugsgruppe ihre Entscheidung für einen Forscher aus (siehe auch Kap. 2)?
- **Was ist durch andere besetzt:** Positionierung bedeutet, eine einzigartige Position in den Köpfen der Bezugsgruppen einzunehmen. Sie sollten daher eine Positionierung suchen, die noch nicht besetzt ist.

Achtung Positionierungsfalle Wir empfehlen dringend, beim Erkennen Ihrer Forscher*innenmarke zunächst alle vier Motive im Auge zu behalten. Oft ist zu hören, man müsse sich festlegen. Ja, das stimmt, aber erst in einem späteren Schritt. Am Anfang sollten Sie alle vier Motivsysteme für sich prüfen und erkennen, wie dies Ihr Denken, Fühlen und Handeln steuert. Erst danach konzentrieren Sie sich bei der Vermittlung Ihrer Forscher*innenmarke auf eines oder zwei der Motive nach den oben genannten Kriterien für die Positionierung.

Warum die zu frühe Positionierung problematisch ist? Vernachlässigt der Forschende sein Beziehungsmotiv, könnte er zu wenig Aufmerksamkeit auf die Entwicklung seiner Beziehungen legen. Ignoriert der Forschendesein Machtmotiv, könnten die Bezugsgruppen als wenig durchsetzungsstark und wirkungsvoll erleben. Daher:

> ▶ Definieren Sie im ersten Schritt Ihre Forscher*innenmarke in allen 4 Motivsystemen. Für die Positionierung stellen Sie eines (oder zwei) dieser Motivsysteme heraus.

1.3.3   Umsetzungstipps

Was sollten Sie bei Ihrer Positionierung beachten? Hier einige Tipps:

„Besetzte" Motivsysteme Möglich ist, dass Ihr gewünschtes Motivsystem bereits besetzt ist, zum Beispiel das Beziehungsmotiv. In diesem Fall besetzen Sie ein Konzept innerhalb des Motivsystems, zum Beispiel Nachhaltigkeit. Konzepte sind komplexe Wissensbestände wie das Konzept des Forschenden selbst, das aus den Bestandteilen Labor, Experimente, Apparaturen, Probanden etc. besteht. Das Beziehungsmotiv besteht aus Konzepten wie „Familie", „Freundschaft" und „Gesundheit". Im Motivsystem Leistung finden sich die Konzepte „Kreativität", „Neugier" und „Individualität".

Tab. 1.2 Positionierung nach dem Prinzip der Abweichung von der Norm

Norm: Wie es die anderen machen	Abweichung: Wie ich es mache
…	…
…	…
…	…
…	…
…	…

Beispiel

Positionierung über die vier Motivsysteme: Leistung, Beziehung, Macht und Freiheit

Positionierung innerhalb eines Motivsystems: Im Beziehungsmotiv könnten dies sein Nachhaltigkeit, Gesundheit und Heimat◄

Profil durch das Prinzip „Abweichen von der Norm" Für die Positionierung können Sie das Prinzip der Abweichung von der Norm nutzen: Positionierung heißt ja, es anders als die anderen zu machen („So haben Sie das noch nicht erlebt"). Gehen Sie wie folgt vor: Legen Sie eine zweispaltige Liste an (siehe Tab. 1.2). In der ersten Spalte listen Sie die Norm der Forscher auf, also was Standard der anderen ist. In der zweiten Spalte tragen Sie Ihre Abweichung ein, also was Ihre Forschermarke kennzeichnet.

1.4   Erlebnisversprechen als Selbstbild

Forscher*innenmarke und Positionierung fließen ein in Ihr Erlebnisversprechen. Das Erlebnisversprechen ist für die Bezugsgruppen wie Forscherkollegen, Kooperationspartner, Förderer und Journalisten bedeutend und belohnend.

▶Das Erlebnisversprechen ist die kurze und prägnante Formulierung des Selbstbildes über die eigene Forscher*innenpersönlichkeit.

1.4.1 Bausteine

Das Erlebnisversprechen wird in einem Satz formuliert. Es besteht zum einen aus den Kerninformationen über Ihre Person und Ihre Leistung und beschreibt zum anderen jenes einzigartige und attraktive Erlebnis, das Ihre Bezugsgruppen bei jeder Begegnung mit Ihnen haben:

- **Wer bin ich („Ich bin")**: Für die Bezugsgruppen ist es zunächst wichtig, Sie einordnen zu können. Sie könnten formulieren „Krebsspezialist", „Experte für e-Mobility" oder auch eine Rolle wie „Erfinder" oder „Entdecker".
- **Was tue ich („Der Dir")**: Was ist Ihre Leistung? Was tun Sie und wie tun Sie es? Ihre Bezugsgruppen wollen ein klares Bild von Ihrer Tätigkeit erhalten. Beispiele: „Ich erforsche...", „Ich bin auf der Suche nach...", „der Wege finden will....".
- **Warum ist dies so einzigartig attraktiv („Damit Du")**: Hier kommt zum Ausdruck, welches Motiv und das damit verbundene Gefühl Sie ansprechen. Beispiele sind: „damit du selbstbestimmt leben kannst". Dieses Versprechen kann darin bestehen, dass Sie beitragen, das Bedürfnis nach Balance und Geborgenheit zu befriedigen, nach Anregung und Wandel oder nach Status und Überlegenheit.

Beispiele für Erlebnisversprechen

- „Ich bin der Schmerzexperte, der mit neusten Technologien nach Wegen zur Heilung sucht, damit Du ein selbstbestimmtes Leben führen kannst."
- „Ich bin der führende Experte für international ausgerichtetes Management. Ich erforsche die Erfolgsfaktoren für herausragende Fach-, Methoden- und Sozialkompetenz und hilft damit auf dem Weg zu beruflichem Erfolg."
- „Am Career College der Universität der Künste Berlin sorgen herausragende ExpertenIinnen und Experten für eine exzellente universitäre Weiterbildung und unterstützen Creative Professionals in der Entwicklung ihrer Fach-, Methoden- und Sozialkompetenz, damit Sie Ihre Kreativität beruflich und persönlich noch erfolgreicher verwirklichen können."

◄

1.4.2 Anforderungen für die Wirksamkeit

Starke Erlebnisse, die durch das Erlebnisversprechen in Aussicht stehen, erzeugen innere Bilder in den Köpfen der Bezugsgruppen. Sie wirken besonders stark auf das Verhalten. Folgende Bedingungen müssen vorhanden sein, damit diese wirken:

- **Klar und deutlich:** Das Erlebnis sollte sich klar und deutlich von anderen Erlebnissen abgrenzen und zu den täglichen Erlebnissen der Bezugsgruppen passen.
- **Attraktiv:** Das Erlebnis sollte attraktiv sein, also den Motiven der Bezugsgruppen entsprechen.
- **Authentisch:** Das Erlebnisversprechen sollte stimmig sein und dem Denken, Fühlen und Handeln des Forschenden entsprechen (authentisch). Ist es aufgesetzt, spüren das die Bezugsgruppen und reagieren womöglich mit Skepsis und Ablehnung.

1.4.3 Erlebnisdimensionen

Hilfreich ist, aus dem Erlebnisversprechen wichtige Erlebnisdimensionen abzuleiten, in denen Ihre Bezugsgruppen Sie erleben können. Häufige Erlebnisdimensionen sind:

- **Projekte:** Wie zeigt sich Ihre Forscher*innenmarke in Projekten? Welche Projekte sind das? Was macht diese Projekt ungewöhnlich, einzigartig?
- **Wissen:** Wie ist es entstanden? Wie entwickeln Sie es weiter? Wie trennen Sie sich von altem Wissen?
- **Menschen:** Mit welchem Menschen forschen oder arbeiten Sie gemeinsam und wie leben Sie dort Ihre Erlebnisversprechen, zum Beispiel nach sozialer Nähe?
- **Kooperationen:** Aus dem Erlebnisversprechen der Leistung könnten Sie anhand von Kooperationen zeigen, wie Sie das Erlebnisversprechen umsetzen und wie Sie Ihre Leistung kontinuierlich entwickeln.

Diese Erlebnisdimensionen sind auch für Ihr langfristiges Wissen zum Imageaufbau wichtig: Sie können Ihre Aktivitäten auf diese Erlebnisdimensionen ausrichten und immer wieder Beispiele für deren Umsetzung geben (siehe Kap. 3).

1.5   Abschließende Kernfragen

Hier nennen wir Ihnen die wichtigsten Fragen, um eine starke Forscher*innenpersönlichkeit zu erkennen und zu positionieren.

Kernfragen

- Was kennzeichnet Ihre **Forscherpersönlichkeit**? Was unterscheidet Sie von anderen und was macht Sie für Ihre Bezugsgruppen so attraktiv?
- Wie berücksichtigen Sie die **Motive** Ihrer Bezugsgruppen? Warum tun Sie dies auf einzigartige Weise?
- Wie **positionieren** Sie sich und grenzen sich dauerhaft gegenüber anderen Forschenden ab?
- Welches **Erlebnisversprechen** haben Sie sich gegeben, das Ihre Persönlichkeit kurz und prägnant beschreibt?
- Wie **vermitteln** Sie Ihre Forscher*innenmarke in Ihrem äußeren Erscheinungsbild, in Ihrer Kommunikation und in Ihrem Verhalten?

Bezugsgruppen des Forschers

2

2.1 Unterstützer für Ihre Forschung

Bezugsgruppen als Unterstützer des Forschenden
Für Sie als Forscher*in gibt es Menschen und Gruppen, die Sie bei Ihrer Arbeit und dem Erreichen Ihrer Ziele unterstützen können. Solche wichtigen Bezugsgruppen sind Kolleg*innen, Studierende, Nachwuchswissenschaftler*innen, Hochschulleitung, Wissenschaftsjournalisten, Unternehmen, Politiker*innen und gesellschaftliche Interessengruppen. Diese Gruppen sollten Sie gewinnen, damit diese Ihre Forschungsziele durch jeweilige Wertbeiträge unterstützen. Die Bezugsgruppen sollen dies dauerhaft tun. Daher bauen Sie eine Beziehung zu Ihnen auf und entwickeln diese langfristig. Beispiele für Bezugsgruppen und deren Wertbeiträge sind:

- **Hochschulleitung:** Optimale Forschungsbedingungen
- **Kooperationspartner:** Spannende, internationale Projekte
- **Fördergelder:** Geldgeber, Entscheider
- **Studierende und wissenschaftlicher Nachwuchs:** Mitarbeit in Forschungsprojekten und Innovationen
- **Journalist*innen:** Berichterstattung, öffentliche Meinungsbildung
- **Meinungsbilder*innen und Multiplikator*innen:** Empfehlungen, Reputation, Bekanntheit, Präsenz
- **Politiker*innen:** Handlungsfreiraum für Forschung, Schutz wie im Fall von Patenten
- **Gesellschaft und Interessengruppen:** Problemstellungen als Anregungen für Innnovation und Problemlösungen mit gesellschaftlicher Bedeutung

© Der/die Autor(en), exklusiv lizenziert durch Springer Fachmedien Wiesbaden GmbH, ein Teil von Springer Nature 2021
G. Adlmaier-Herbst und A. Mayer, *Der Forscher als Marke,* essentials,
https://doi.org/10.1007/978-3-658-33068-2_2

Tab. 2.1 Beispiele für Bezugsgruppen und ihre Wertbeiträge

Bezugsgruppen	Wertbeiträge
Leitung der Forschungseinrichtung oder Hochschule	Forschungsbedingungen am Arbeitsplatz
Andere Forschungseinrichtungen	Ausstattung am Arbeitsplatz, Stellen
Internationale Forschergruppen	Anwendbarkeit der Forschungsergebnisse, Wissenszuwachs
Geldgeber	Finanzielle Forschungsförderung
Politiker*innen	Handlungsspielraum und Schutz (Patent)
Journalist*innen	Öffentliche Berichterstattung

Erstellen Sie eine Liste mit Ihren Forschungszielen. Bestimmen Sie, welche wichtigen Personen und Bezugsgruppen Sie bei der Erreichung dieser Ziele unterstützen können (Tab. 2.1).

Bedeutung der Forschermarke für Entscheidungen
Bezugsgruppen wie Geldgeber*innen und Berufungskommissionen können meist aus einer Vielzahl von Forschenden entscheiden, wen sie unterstützen möchten. Hierbei entscheiden sie vor allem anhand des Vorstellungsbildes (Image), das sie vom Forschenden haben. Ob Jungakademiker*in oder etablierte Forscher*in – wer Entscheidungen für sich gewinnen will, muss dafür sorgen, dass die Bezugsgruppen die einzigartigen Qualitäten, Stärken, Kompetenzen und Erfahrungen wahrnehmen. Für Entscheidungen von Bezugsgruppen hat die Forschermarke folgende wesentlichen Vorteile:

- **Schnelle Orientierung:** Die Bezugsgruppen wissen, wofür der Forschenden steht und welche einzigartigen Leistungen diese für die Bezugsgruppe erbringt. Dies gibt hilfreiche Orientierung, die beste Alternative auszuwählen.
- **Schnelles Entscheiden:** Bezugsgruppen können sich aufgrund ihres klaren Bilder von der Forschermarke schneller entscheiden, ob sie diese unterstützen wollen.
- **Gezielte Entscheidungen:** Sie können gezielt die beste Lösung für sich finden.

- **Geringes wahrgenommenes Risiko:** Die Forschermarke ist zuverlässig; die Bezugsgruppen nehmen aufgrund ihrer (langen) Erfahrungen mit dem Forschenden das Risiko als geringer wahr, enttäuscht zu werden.

Welche Dimension des Images ist für die Bezugsgruppen wichtig bei Entscheidungen? Es sind deren Motive.

2.2 Motive Ihrer Bezugsgruppen

Sie haben in Abschn. 1.1 die Motive als Handlungsantriebe von Forschenden kennen gelernt. Diese können Sie nun auf Ihre Bezugsgruppen anwenden: Ermitteln Sie die Motive Ihrer Bezugsgruppen und vergleichen Sie diese mit Ihren eigenen. Folgende Passungen sind möglich:

- **Synchrone Motive:** Bezugsgruppen bevorzugen in ihren Entscheidungen jene Personen, die ihnen möglichst ähnlich sind. Ein Beispiel ist, wenn Forschende und Bezugsgruppen Nachhaltigkeit wichtig ist.
- **Asynchron:** Passend sein kann auch, wenn sich Motive ergänzen. Beispiel: Sie leben für die Bezugsgruppen den Traum, ferne Welten zu erkunden wie im Fall des Astronauten Alexander Gerst.

Vermitteln Sie den wichtigen Bezugsgruppen, welchen Beitrag Sie zu deren Motiven leisten („Goal Value") – und dies möglichst besser als alle anderen Forscher*innen. Dies vermitteln Sie kraftvoll durch die Instrumente Ihrer Markenführung.

> **Merke** Leistung, Beziehung, Macht und Freiheit beschreiben die Forscherpersönlichkeit. Sie beschreiben auch die Persönlichkeiten der Bezugsgruppen. Beides sollte zusammen passen.

Was tun Sie, wenn Sie die Motive Ihrer Bezugsgruppen nicht kennen? Und was machen Sie, wenn ein Gremium entscheidet, das sich aus Menschen mit unterschiedlichen Motiven zusammensetzt? Dann sollten Sie sich darauf vorbereiten, zunächst auf alle vier Motivsysteme einzugehen, zum Beispiel, dass Sie verlässlich sind, neue Wege gehen oder dass die Bezugsgruppe durch Sie mehr bewegen und stärker selbst entscheiden kann.

Abb. 2.1 Priorisierung von
Bezugsgruppen

1 wichtig eilig	2 wichtig nicht eilig
nicht wichtig eilig 3	nicht wichtig nicht eilig 4

2.3   Priorisierung Ihrer Bezugsgruppen

Aufgrund Ihrer begrenzten Ressourcen ist die Gewichtung der Bezugsgruppen
hilfreich. Sortieren Sie Ihre Bezugsgruppen in die Matrix aus den Eigenschaften
„wichtig" und „dringlich" ein (sehen Sie die Matrix in Abb. 2.1). Wichtig meint,
ob diese Bezugsgruppe Sie unterstützt, Ihre Ziele als Forscher*in zu erreichen.
Eilig meint, ob Sie Aktivitäten sofort beginnen oder auf einen späteren Zeitpunkt verschieben können. Tipp: Bezugsgruppen, die nicht wichtig sind, sollten
Sie streichen.

Sie haben Ihre einzigartige Forscherpersönlichkeit definiert und wichtige Bezugsgruppen bestimmt, die Sie unterstützen, Ihre Ziele als Forscher*in zu erreichen. Jetzt geht es an die Vermittlung Ihrer Marke an Ihre Bezugsgruppen.

3.1 Aufgaben und Ziele

Die Vermittlung Ihrer Forschermarke hat vier Aufgaben:

1. **Bekanntheit:** Stellen Sie den Kontakt zu Ihren wichtigen Bezugsgruppen her. Bauen Sie Bekanntheit auf und halten Sie diese aufrecht.
2. **Informieren:** Informieren Sie über sich und Ihre Forschungsleistungen. Oft müssen Sie in persönlichen Treffen für den Kampf um Mittel, Stellen, Räume etc. in einer Präsentation durch fundierte Argumente überzeugen – und dies oft unter Zeitdruck.
3. **Erlebnisse vermitteln:** Schaffen Sie Erlebnisse, also Bündel von Gefühlen, um Ihre Bezugsgruppen von der attraktiven Einzigartigkeit Ihrer Marke zu überzeugen. Dies kann das starke Gefühl von Sicherheit und Fürsorge sein, von Entdeckung und Inspiration oder Durchsetzungskraft und Überlegenheit.
4. **Gedächtnis aufbauen:** Ihre Bezugsgruppen sollen sich lange an Sie erinnern und Sie schnell abrufen können.

Ziel ist es also, Bekanntheit und das klare Vorstellungsbild (Image) über sich und Ihre Forschung herzustellen (siehe ausführlich Kap. 4).

© Der/die Autor(en), exklusiv lizenziert durch Springer Fachmedien Wiesbaden GmbH, ein Teil von Springer Nature 2021
G. Adlmaier-Herbst und A. Mayer, *Der Forscher als Marke*, essentials,
https://doi.org/10.1007/978-3-658-33068-2_3

3.2   Authentizität

Für die Vermittlung und Ihre Glaubwürdigkeit als Forschermarke ist Authentizität entscheidend: Authentizität bedeutet, dass Ihr Denken, Fühlen und Handeln synchronisiert sind – diese bilden eine Einheit. Menschen, die über diese gleiche Ausrichtung von Denken, Fühlen und Handeln entsprechen, werden als „charismatisch" bezeichnet. Die Stärke Ihrer Forschungsmarke kommt wesentlich durch die Synchronisierung zustande: Stehen Sie dafür, Neues zu entdecken, müssen Sie auch mutig sein, etwas wagen und Risiken eingehen.

▶Authentizität bedeutet das gleichgerichtete Denken, Fühlen und Handeln.

Im Kopf Ihres Gegenübers entsteht Ihre Forschermarke als Zusammenspiel von Eindrücken Ihrer Person. Widersprüche trüben das klare Bild vom Forschenden und damit das Vertrauen beim Gegenüber – dieser hat kein klares Vorstellungsbild von Ihrer Person und davon, was er von Ihnen und Ihrem Handeln zu erwarten hat. Die Klarheit des Vorstellungsbildes von Ihnen, hierin sind sich die Forscher*innen weitgehend einig, entscheidet maßgeblich über das Verhalten anderer Menschen Ihnen gegenüber.

3.3   Instrumente der Vermittlung

Für die Vermittlung Ihrer Forschermarke stehen Ihnen drei Instrumente zur Verfügung: Ihr äußeres Erscheinungsbild, Ihre Kommunikation und Ihr Verhalten.

> **Instrumente zur Vermittlung der Forschermarke**
> 1. Äußeres Erscheinungsbild
> 2. Kommunikation
> 3. Verhalten

Ihr Äußeres trägt entscheidend dazu bei, Sie schnell zu erkennen und Sie langfristig über innere Bilder zu speichern. Durch Kommunikation stellen Sie mit Ihren Bezugsgruppen das gemeinsame Verständnis über Ihre Person dar. Und das Verhalten übermittelt unmittelbar Eindrücke über Ihre Aktionen und bietet Erlebnisse an. Die drei Instrumente vermitteln das Erlebnisversprechen und die Erlebnisdimensionen (Abschn. 1.4).

3.3.1 Äußeres Erscheinungsbild

Das äußere Erscheinungsbild besteht zum einen aus Merkmalen, die Sie nicht oder nur schwer ändern können, wie Geschlecht und Körpergröße. Zum anderen lassen sich viele Elemente leicht gestalten wie Frisur, Brille, Kleidung, Schmuck, Taschen, Schuhe, Zustand der Hände, Zähne etc. Ihre Persönlichkeit offenbaren sogar persönliche Gegenstände, wie Ihr Auto und Ihre Aktentasche sowie die Art, wie Sie durch Geschenke und Mahlzeiten mit anderen kommunizieren. Alle diese Elemente kommunizieren über Sie – ob Sie wollen oder nicht. Um es mit dem Kommunikationsforscher Paul Watzlawick zu sagen: Sie können nicht nicht kommunizieren. Kernfrage für die Vermittlung Ihrer Forschermarke: Anhand welcher dauerhaften Kennzeichen können Menschen Sie erkennen, von anderen unterschieden und dies gut finden?

Beispiele für das äußere Erscheinungsbild

- Stabile Merkmale wie Geschlecht, Körpergröße
- Haare und Frisur
- Kleidung
- Accessoires wie Taschen, Schmuck, Brille etc.
◄

3.3.2 Verhalten

Welches Verhalten kennzeichnet die Forschermarke? Ist der Forschende sehr zurückgezogen oder sucht er das Bad in der Menge? Ist der Forschende fürsorglich oder ist er kritisch distanziert? Ist der Forschende gar vergleichbar mit einem spielenden Kind, das kreativ ist und gerne Dinge ausprobiert? Ihr Verhalten ist das wichtigste Element Ihres Erscheinungsbildes, denn an ihm werden Sie letztlich beurteilt. Sie müssen also durch Ihr Verhalten einlösen, was Sie durch Ihr Äußeres und Ihre Kommunikation versprechen. Vorleben ist am glaubwürdigsten und hilft anderen, Ihr Verhalten zu übernehmen.

Beispiele für Verhalten

- **Verhalten gegenüber Kolleg*innen und Mitarbeiter*innen:** Sind Sie offen für Vorschläge und gesprächsbereit? Gehen Sie auf Ihre Kolleg*innen und Mitarbeitende ein? Wie ist Ihr Führungsstil?

- **Verhalten gegenüber Bezugsgruppen:** Richten Sie Ihr Verhalten an Ihren Bezugsgruppen aus? Halten Sie Qualitätsgrundsätze ein? Verhalten Sie sich ehrlich, solide und transparent?
- **Verhalten gegenüber Geldgebern:** Ist Ihre Kommunikation offen und glaubwürdig?
- **Verhalten gegenüber gesellschaftlichen Gruppen:** Wie verhalten Sie sich gegenüber kulturellen Interessen, gegenüber Ökoproblemen, dem Fortschritt in Wissenschaft und Technik und dem sozialen Wandel?

◄

3.3.3 Kommunikation

Über Kommunikation stellen Sie Ihre Forscherpersönlichkeit dar. Sie erklären Gemeinsamkeiten zwischen Ihnen und Ihren Bezugsgruppen. Ihre Kommunikation umfasst, über was Sie sprechen (Inhalt) und wie Sie dies tun (Form). Zur Kommunikation gehören Sprache und Stimme des Forschenden. Viele Bücher von Forschenden lesen sich mittlerweile wie spannende Krimis oder unterhaltsame Entdeckungsgeschichten. Zur Kommunikation gehören zum Beispiel Worte, Fremdwörter, Namen, Wortklang, Sätze etc. Zur Ihrer Kommunikation gehört auch, wie Sie über Ihre Persönlichkeit sprechen und diese ausdrücken (Form). Zum Beispiel können Sie durch die Verwendung der Muttersprache, regionale Färbungen und Akzente Ihre Nähe zu Ihren Bezugsgruppen ausdrücken. Prüfen Sie, ob Sie Ihre Stimme durch Training (Aussprache, Atmung etc.) entwickeln sollten. Zur Form gehört auch, ob Sie bevorzugt bestimmte Mittel und Maßnahmen einsetzen, zum Beispiel das persönliche Gespräch oder E-Mail – auch dies sagt etwas über Sie aus.

Beispiele in der Kommunikation

- Traditionelle Begriffe der Muttersprache
- Häufig neue Begriffe, Modebegriffe
- Häufige persönliche Gespräche, umgangssprachliche Wörter, Duzen, Muttersprache, Akzente und Dialekte
- Vorträge, mediale Mittel und Maßnahmen wie E-Mails
- Verwendung von Anglizismen und typische Managementsprache
- Verwendung von Titeln und formaler Ansprache

◄

Weitere ausführliche Erläuterungen finden Sie im Buch „Charisma ist keine Lampe" [7].

Social Media
Social Media eröffnen völlig neue Wege der Positionierung als Meinungsbildner und den Auf- und Ausbau des eigenen Expertenstatus. Nie war es einfacher, die eigene Persönlichkeit zu vermitteln. Suchmaschinen wie Google sind zum größten Filter unserer Zeit geworden – und dieser Trend wird sich fortsetzen. Die größte Chance, wahrgenommen zu werden, haben die Suchergebnisse auf den ersten Seiten. Nur wer hier (mit positiven Einträgen) gelistet ist, hat künftig überhaupt eine Chance, als Expert*in zur Kenntnis genommen zu werden. Grundregel: über 95 % der Menschen besuchen nicht die zweite Seite der Google-Ergebnisse.

Eine sorgfältig aufgebaute, umfassende Präsenz im Web und Social Media trägt maßgeblich zur eigenen Markenführung bei: Wer seine Forschermarke überzeugend umzusetzen weiß, gewinnt in der Öffentlichkeit an Glaubwürdigkeit und sichert sich auf diese Weise langfristigen Erfolg. Viele Forscher*innen haben das Potenzial längst erkannt und nutzen Social-Media-Kanäle, um Kolleg*innen, Studierende, Journalist*innen, Geldgeber*innen und andere Bezugsgruppen zu erreichen. Die wichtigsten Social-Media-Kanäle für die Vermittlung der Forschermarke sind:

- **Twitter:** Bietet Forschungseinrichtungen, Studenten, Presse und Partnern viele Informationen und Neues aus der Forschung. Twitter ist in der Wissenschaft das wichtigste soziale Netzwerk, um mit anderen Forschenden, Journalist*innen, potenziellen Drittmittelgebern und der wissenschaftsbegeisterten Öffentlichkeit zu kommunizieren. Auf Twitter tauschen sich Forschendeaus, antworten auf Fragen anderer Twitter-User. Sie können Beziehungen aufbauen und die eigene Reichweite enorm vergrößern.
- **YouTube:** Für die Wissenschaft bieten Videos neue Chancen, Forschung einem breiten Publikum nahezubringen. YouTube gilt inzwischen als die zweitbeliebteste Suchmaschine nach Google. Offenbar lassen sich viele Menschen Inhalte lieber in Videos kurz und humorvoll erklären als Texte zu lesen. Wichtig ist, kreativ und authentisch Geschichten aus der Forschung zu erzählen, die unterhaltsam, informativ und faktisch korrekt sind.
- **Facebook:** Die Herausforderung liegt darin, auf möglichst lockere und anschauliche Art und Weise Themen aus der Forschung darzustellen. Die Nutzergruppen bedienen in Kanälen individuelle Informations- und Kommunikationsinteressen.
- **Podcasts:** Der Podcast „Das Coronavirus-Update" mit dem Berliner Virologen Christian Drosten hat gleich zwei Auszeichnungen beim Grimme Online Award abgeräumt. Der undotierte Grimme Online Award gilt als wichtigste deutsche

Auszeichnung für herausragende Online-Publizistik und wird seit 2001 verliehen. Im Corona-Jahr kamen viele Preisträger aus den Kategorien „Information" sowie „Wissen und Bildung".

- **Xing und LinkedIn:** Sogenannte „Business- und Karrierenetzwerke". Sie dienen der Vernetzung und Rekrutierung. Oberflächlich betrachtet, ähneln sich Funktionen und Möglichkeiten stark: Nutzer*innen können persönliche Profile anlegen, sich in Gruppen organisieren und diskutieren, News konsumieren, Stellenanzeigen durchforsten, Events finden und Status-Updates posten. Einer der augenscheinlichsten Unterschiede ist, dass LinkedIn im Besitz von Microsoft international aufgestellt ist. XING ist dem DACH-Raum verbunden.
- **Instagram:** Erfreut sich zunehmender Beliebtheit als visueller „Emotionskanal". Er bindet auch Studierende ein. Die Harvard Medical School schlägt in einem ihrer Beiträge den Bogen von einem gemächlich kauenden Lama hin zur Erforschung von Antikörper, MIT Technology Review postet überwiegend Grafiken statt Fotos.
- **Research Gate, Mendeley und Academia:** Akademische Netzwerke erfreuen sich großer Beliebtheit: Die sicher bekanntesten Plattformen sind ResearchGate, Mendeley und Academia.edu. Wie bei anderen sozialen Netzwerken auch kann sich jeder kostenfrei registrieren und ein eigenes Profil anlegen. Die Plattformen versprechen, man könne sich mit Kolleg*innen vernetzen, Publikationen mit anderen teilen, Statistiken bekommen über Aufrufe und Zitationen der eigenen Publikationen, interessante Stellen finden und vieles mehr.

Kraftvoller Mix

Stellen Sie für jede Bezugsgruppe einen angemessenen Mix aus Mitteln und Maßnahmen zusammen: Er gewährleistet, dass Sie Ihre Bezugsgruppen auch tatsächlich erreichen (Reichweite) und Ihre Botschaft stärker verankern als Sie dies mit einmaligem Kontakt könnten (Kontaktfrequenz). Zum Beispiel ermöglichen Veranstaltungen den persönlichen Austausch mit Ihren Bezugsgruppen, das Internet bietet Ihnen Vernetzung mit anderen Angeboten und Austausch. Wägen Sie daher die Vor- und Nachteile der Instrumente sorgfältig ab. Stellen Sie die Instrumente zu einem Ihren Bezugsgruppen angemessenen starken Mix zusammen.

Nutzung von Social Media

- **Twitter:** Vernetzung mit Expert*innen zu Ihrem Thema
- **LinkedIn:** Publikation von Fachartikeln

- **Instagram:** Mit Bildern und Videos zeigen: Woran arbeiten Sie? Auf welcher Konferenz sind Sie gerade? Mit wem sind Sie unterwegs?
- **Facebook:** Vernetzung in Forscher*innengruppen, die Sie interessieren
◄

Wichtige Wirkprinzipien: Bilder und Geschichten
In Zeiten von Informationsüberflutung und nachlassendem Interesse an Informationen werden Storytelling und Bilderwelten über den Kommunikationserfolg entscheiden: Besonders für komplexe, erklärungsbedürftige Forschungsthemen spielen Geschichten und Bilder die zentrale Rolle. In der Politik, im Sport und in den Massenmedien sind Bilder in den vergangenen Jahren immer wichtiger geworden. Besonders jene Bezugsgruppen, die eigentlich kaum Interesse zeigen, können Sie mit Bildern wesentlich besser erreichen als mit Texten.

Bilder Bilder sind für die Entstehung und Entwicklung von Erlebnissen herausragend. Sie sprechen das Unbewusste an und lösen direkt und oft unbewusst starke emotionale Reaktionen im Betrachter aus. Bilder sind besonders wichtig für das Vermitteln Ihrer Persönlichkeit:

- **Auffallen:** Menschen beachten und erkennen wir besonders schnell.
- **Aufnahme:** Wir bevorzugen Menschen, die uns anregen – auf Bildern schauen wir sie länger an.
- **Einsatz:** Menschen werden weltweit sehr ähnlich bewertet, zum Beispiel nach der „biologischen" Schönheit.
- **Einzigartig:** Der Forschende, der mit einem klaren, attraktiven Bild verbunden wird, wirkt besonders stark auf das Verhalten.
- **Klarheit:** Menschen machen Forschung anschaulich. Grundlagenforschung ist oft nicht sichtbar und greifbar und bietet daher keinen visuellen Vertrauensanker.
- **Gefühle:** Menschen können besonders gut Gefühle vermitteln und auslösen.
- **Echtheit:** Personen wirken authentischer als Behauptungen, von denen Empfänger*innen nicht wissen, ob sie sich auf diese verlassen können.

Viele weitere Hinweise über den Einsatz und die Bildwirkung finden Sie im Buch „Bilder, die ins Herz treffen" [5].

Storytelling Storytelling ist das mitreißende Erzählen. Auf Basis von Fakten erzählen wir, was für uns als Forscher*in wichtig ist und welches einzigartig attraktive Erlebnis wir unseren Bezugsgruppen ermöglichen: Sollen sie sich bei uns am sichersten fühlen? Wollen wir sie überraschen, Spaß mit ihnen haben und sie Neues entdecken lassen? Wir erzählen auch, welche Hindernisse sich uns in den Weg stellen: Sind neue Ideen schwierig zu finden? Ist die Qualität besonders herausfordernd, weil sie im Detail steckt? Wie erfüllen wir dennoch unseren Auftrag? Wie werden wir für die Mühen belohnt? Summa summarum: Storytelling eignet sich hervorragend, um Fachwelt, Entscheidern, Journalisten, Geldgebern belegbare Informationen mitreißend zu erzählen und starke, einzigartige Erlebnisse zu erzeugen. Elisabeth Blackburn ist Nobelpreisträgerin und steht für die Suche nach gesundem Altern durch Telomer-Forschung. Eric Kandel deckt die Geheimnisse des Gedächtnisses auf. Daniel Kahneman zeigt uns, wie bedeutsam unserer Unterbewusstes ist und wie es unser Denken, Fühlen und Handeln steuern kann. Gerald Hüther verhilft Eltern dazu, dass sich ihr Kind optimal entfalten kann. Wir schätzen Forschende, die uns eine spannende, mitreißende Geschichte erzählen: Von der Entdeckung neuer Welten, langer Gesundheit bis ins hohe Alter.

Wie Sie professionell Geschichten erzählen, erfahren Sie im Buch „Storytelling" [5] und im Essential „Science Storytelling: Warum Wissenschaft Geschichten erzählen muss" [1].

Bekanntheit und Image als Ziel der Markenführung

4

Ziel Ihrer Markenführung für Forschende ist, sich fokusiert und systematisch bei wichtigen Bezugsgruppen bekannt zu machen und das Vorstellungsbild (Image) der Forscherpersönlichkeit einschließlich deren Leistungen langfristig zu entwickeln. Gewiss: Bekanntheit und Image entstehen bereits durch Forschungsthemen, Forschungsergebnisse und Veröffentlichungen. Darüber hinaus können Sie durch Image- und Markenaufbau Ihre Bekanntheit als Forscherpersönlichkeit weiter erhöhen. Sie können dauerhaftes Interesse an Ihrer Arbeit fördern und hierüber spannende Kooperationen und Unterstützungen akquirieren.

4.1 Bekanntheit

Bekanntheit bedeutet, dass Sie gedanklich in den Köpfen Ihrer Bezugsgruppen präsent sind: Der Journalist denkt als erstes an Sie, wenn er einen Forscher als Auskunftsperson sucht. Die Kooperationspartner*in denkt an Sie, wenn sie weitere Partner*innen ins Boot holen will.

4.1.1 Gedächtnis aufbauen

Für den Aufbau von Gedächtnis gibt es wichtige Prinzipien:

- **Kontinuierlich auftreten:** Zeigen Sie Beständigkeit im Zeitverlauf. Stellen Sie immer wieder Ihre Erlebnisdimensionen in den Vordergrund. Quasi jeden Tag etwas anderes zu vermitteln wirkt diffus und lässt kein klares Bild von Ihnen entstehen.

- **Oft wiederholen:** Je häufiger Sie sich an Ihre Bezugsgruppen richten, desto schneller und stärker werden diese sich an Sie erinnern. Denken Sie an Vokabellernen: Je öfter die Wiederholung, desto stärker verankert sich das Neugelernte im Gedächtnis.
- **Variieren:** Vermitteln Sie Ihre Erlebnisdimensionen und variieren Sie die Beispiele aus Ihrer Arbeit – so können Ihre Bezugsgruppen immer wieder etwas Neues und Interessantes an Ihnen entdecken. Studien zeigen: Haben wir das gleiche 3 bis 4 Mal gehört, nimmt die Aufmerksamkeit und damit das Lernen ab: Wer müde ist, lernt schlechter.
- **Starke Gefühle auslösen:** Wir lernen umso besser, je emotionaler etwas ist.

Auch hier wird die Bedeutung der Emotionen deutlich, die wesentlich zur Entscheidung für Sie und die konkrete Unterstützung beitragen.

▷   Gefühle sind Lernturbo!

4.1.2   Messung

Bekanntheit können Sie erfragen. Hierfür gibt es zwei Verfahren:

- **Freie, ungestützte Erinnerung ("unaided recall"):** "Kennen Sie Forscher.N.?" Der Name wird genannt und oft zusätzlich eine Liste mit weiteren Namen vorgelegt.
- **Gestützte Erinnerung ("aided recall"):** Die Erhebung erfolgt über die Fragen: "Welche Forscher kennen Sie?", "Welche Forschende zum Thema XY kennen Sie?" Die Befragten müssen also aus der Erinnerung vorhandene Forscher*innen abrufen.

Zur Messung bei Journalisten können Sie selbst die Medienveröffentlichungen erfassen. Dies kann auch eine studentische Hilfskraft oder ein professioneller Dienstleister übernehmen.

4.2   Image

Ihr Image umfasst alle Vorstellungsbilder, die Ihre Bezugsgruppen von Ihnen und Ihrer Leistung haben. Im Gegensatz zu Ihrem Selbstbild wird dies als Fremdbild bezeichnet. Ihr Image entscheidet über Ihren Erfolg, denn: Objektiv können

Sie besser als andere Forscher*innen sein – wenn Ihre Bezugsgruppen dies nicht genau so sehen, ist Ihr Vorsprung bedeutungslos. Ihre Bezugsgruppen bevorzugen nicht den objektiv Besten, sondern den subjektiv Besten. Ergründen Sie daher Ihr Image bei wichtigen Bezugsgruppen und verfolgen dessen Entwicklung.

4.2.1 Bestandteile

Ihr Image besteht zum einen aus dem, was Ihre Bezugsgruppen von Ihnen wissen.Zum anderen besteht es in der Bewertung dieses Wissens, zum Beispiel als Meinungen, Wünsche und Erwartungen an Sie. Ihr Image besteht aus folgenden Komponenten:

- **Art:** Was verbinden Ihre Bezugsgruppen mit Ihnen, welche Eigenschaften, Bewertungen etc.?
- **Zahl:** Wie viele Eigenschaften sind dies? Je mehr die Bezugsgruppen nennen, desto facettenreicher ist Ihre Persönlichkeit.
- **Bedeutung:** Wie bedeutend sind diese Eigenschaften für Ihre Bezugsgruppen? Was nutzt es Ihnen, wenn Sie als konservativ gelten, wenn Ihren Bezugsgruppen ein aufgeschlossener Forscher wichtig ist?
- **Stärke:** Wie stark ausgeprägt ist diese Assoziation, zum Beispiel auf einer Skala von 1 bis 7?
- **Repräsentation:** Ist die Assoziation verbal als Botschaft oder nonverbal vorhanden, zum Beispiel als Bild?
- **Richtung:** Empfindet die Bezugsgruppe die Assoziation mit Ihnen als angenehm oder unangenehm?
- **Einzigartig:** Wie einzigartig sind die Vorstellungen, die Ihre Bezugsgruppen mit Ihnen verbinden? Die Wirksamkeit Ihrer Markenführung unterstützt, wenn die Bezugsgruppen eine einzigartige Eigenschaft mit Ihnen verbinden.
- **Klar:** Wie klar und deutlich sind diese Assoziationen?

Welche dieser Dimensionen gelten als besonders wirksam? Sie sind die Klarheit und die Attraktivität des Images. Zwischen beiden Dimensionen gibt es sogar einen Zusammenhang: Je klarer das Image ist, desto attraktiver ist es. Grund ist, dass die Klarheit über Ihre Forscherpersönlichkeit Unsicherheit und Angst nimmt.

> Klarheit und Attraktivität sind die wichtigsten Wirkdimensionen für das Image.

Images wirken desto stärker, je klarer und deutlicher sie sind, dies belegen zahlreiche Studien seit den 1990er Jahren. Klarheit gilt Forschern zufolge als Superdimension der Markenwirkung:

- Haben Ihre Bezugsgruppen ein klares Bild von Ihnen und Ihrer Leistung?
- Haben Ihre Bezugsgruppen ein klares Bild von der Belohnung, die Sie ihnen bieten?
- Ist diese Belohnung aus Sicht der Bezugsgruppen einzigartig attraktiv?

Schaffen Sie also klare Vorstellungen von sich – vermeiden Sie unklare und diffuse Eindrücke! Klarheit entsteht vor allem durch Kontraste: Was ist Ihr einzigartig attraktives Profil, das sich klar von anderen Forscher*innen unterscheidet?

4.2.2 Gestaltung

Ihr Image entsteht durch Vermitteln Ihrer Forschungspersönlichkeit (Kap. 3), aber auch durch viele andere Quellen wie Kolleg*innen, Meinungsbilder*innen und Massenmedien. Tragen Sie zum Entstehen und Entwickeln Ihres Images bei, indem Sie es neu aufbauen, ändern oder stärken:

- **Aufbauen:** Ihre Bezugsgruppen haben noch kein Vorstellungsbild von Ihnen oder sie lernen neue Seiten an Ihnen kennen, zum Beispiel Ihre Dialogfähigkeit und Ihr Interesse an Beziehungen zu anderen Forschenden.
- **Halten:** Rufen Sie Ihre Eigenschaften immer wieder in Erinnerung, sonst werden sie vergessen. Das ist eines der Grundprinzipien der Arbeit unseres Gehirns. Denken Sie nur an alle die Dinge, die Sie kennen: Sobald Sie sich diese nicht mehr in Erinnerung rufen, geraten sie in Vergessenheit wie eine Fremdsprache. Ein systematisches und langfristiges Konzept ist daher hilfreich, indem Sie festlegen, wie Sie über längere Zeit Ihr Erlebnisversprechen umsetzen und dies in den Erlebnisdimensionen zu Leben erwecken. Lesen Sie zum Erstellen eines Konzeptes für Ihre Markenführung das nächste Kap. 5.
- **Ausbauen, stärken, vertiefen:** Sie können eine Imagedimension ausbauen, falls sie noch nicht genügend stark ist. Beispiel wäre die Dimension „Kreativität", die Ihre Bezugsgruppen für nicht so ausgeprägt halten wie Sie. Inhalte werden erlebbar, die schon im Gedächtnis Ihrer Bezugsgruppen verankert sind.
- **Abbauen, überschreiben:** Sie können sogar Imagedimensionen abbauen, falls sich Ihr Selbstbild geändert hat, wie im Fall der Distanz, wenn Ihnen mittlerweile Nähe wichtiger ist.

Legen Sie also fest, welche Imagedimensionen Sie gestalten möchten und wie Sie dies tun. Beachten Sie: Solche Anforderungen brauchen Zeit, damit Ihre Bezugsgruppen entsprechende Gedächtnisstrukturen anlegen.

4.2.3 Messung

Entgegen anders lautender Behauptungen lassen sich Bekanntheit und Images messen. Bei der Imagemessung geht es um folgendes Erkenntnisinteresse:

- Welche Vorstellungsbilder haben Ihre Bezugsgruppen von Ihnen?
- Welche Bedeutung haben einzelne Dimensionen?
- Welche Stärken und Schwächen ergeben sich im Vergleich mit anderen Forschern (Konkurrenzvergleich)?
- Warum schätzen Ihre Bezugsgruppen Sie so ein?
- Wie stark treffen Sie die Wünsche und Erwartungen Ihrer Bezugsgruppen?
- Was sollten Sie an Ihrem Image ändern?
- Wie können Sie sich eine einzigartige Position verschaffen?

Zusätzlich zur Analyse Ihres eigenen Images sollten Sie das Konkurrenzimage untersuchen – Sie sollten schließlich nicht nur die Erwartungen der Bezugsgruppen erfüllen, sondern sich auch von der Konkurrenz möglichst positiv abheben (Positionierung).

Informationsquellen Welche Informationsquellen können Sie nutzen?

- **Auswertung vorhandener Unterlagen:** Am einfachsten ist es, vorhandenes Material auszuwerten, also Zeitungsartikel, Beiträge auf Social Media, Hinweise von Kollegen, Anrufe und Briefe. Zusätzlich sollten Sie die Möglichkeiten der Befragungen und der Beobachtung nutzen, die leicht einzusetzen sind.
- **Befragungen:** Leicht zu handhaben ist das Polaritätenprofil: Es besteht aus Eigenschaften, die Sie beschreiben: Sind Sie innovativ, kompetent, stark, ehrgeizig, vertrauenswürdig? Die Befragten kreuzen die Antworten auf einer Skala an. Tiefer gehen Interviews in Ruhe und in angenehmer Atmosphäre, zum Beispiel bei einem Essen.
- **Beobachtungen:** Andere Verfahren beobachten Ihre Bezugsgruppen im Kontakt mit Ihnen und anderen Forschenden: Wie verhalten Sie sich? Ist deren Körpersprache zustimmend oder ablehnend? (Tab. 4.1)

Tab. 4.1 Checkliste: Wichtigste Fragen zur Imagegestaltung

Welche Bekanntheit und welche gedankliche Präsenz bei Ihren Bezugsgruppen müssen Sie erreichen, um wahrgenommen zu werden?	
Was sollen und wollen Ihre jeweiligen Bezugsgruppen von Ihnen wissen? Was sollen sie meinen?	
Wie messen Sie Ihre Bekanntheit und Ihr Image?	
Welche vorhandenen Informationsquellen nutzen Sie für Ihre Analyse, bevor Sie eigene Daten erheben?	
Wie erfahren Sie von Urteilen über Sie, die Ihnen Ihre Bezugsgruppen nicht direkt sagen würden?	

Das Konzept für Ihre Markenführung 5

5.1 Bedeutung des systematischen Vorgehens

Das Konzept für Ihre Markenführung ist Ihr schriftlicher Plan, quasi Ihr Drehbuch für Ihr Vorgehen. Warum ist dieser Plan so wichtig? Der Aufbau von Bekanntheit und Image ist ein Lernprozess, der dauert. Vertrauensvolle Beziehungen entstehen nicht von heute auf morgen, sondern sie müssen sich entwickeln und immer neu bewähren. Auch der sinnvolle Einsatz der eigenen Mittel setzt geordnetes Vorgehen voraus.

Ihr Konzept muss nicht zwangsläufig zum gewünschten Erfolg führen; doch es verringert das Risiko, dass Sie Ihre Mittel und Aktivitäten investieren, die an Ihren Zielen und Bezugsgruppen vorbei gehen. Zudem können Sie durch konzeptionelles Vorgehen frühzeitig Chancen und Risiken erkennen, die in den nächsten Jahren auf Sie zukommen und die Sie in Ihrer Markenführung berücksichtigen können.

Das Vorgehen besteht aus 4 Schritten: Analyse, Planung, Umsetzung und Kontrolle.

- In der **Analyse** decken Sie bisherige Stärken und Schwächen auf und leiten hieraus den Handlungsbedarf für Ihre Markenführung ab.
- In der **Planung** formulieren Sie Ziele für Bekanntheit und Image, Sie entwickeln Strategien mit dem bestmöglichen Weg zur Zielerreichung sowie geeignete Maßnahmen.
- In der **Kreation** entwickeln Sie wirkungsvolle Text-, Bild- und Aktionsideen, die Ihre Markenpersönlichkeit angemessen transportieren.
- Mit der **Kontrolle** beobachten Sie, ob Sie Ihre Ziele erreichen.

© Der/die Autor(en), exklusiv lizenziert durch Springer Fachmedien Wiesbaden GmbH, ein Teil von Springer Nature 2021
G. Adlmaier-Herbst und A. Mayer, *Der Forscher als Marke*, essentials, https://doi.org/10.1007/978-3-658-33068-2_5

Hier weitere Erläuterungen zu den einzelnen Phasen, damit Sie ein besseres Bild vom Prozess haben.

5.2   Analyse

Im ersten Schritt ergründen Sie sorgfältig den Ist-Zustand. Ziel: Sie haben ein klares Bild Ihrer Ausgangssituation. Hier einige Anhaltspunkte:

- **Profil:** Für was stehen Sie? Was bildet den Kern Ihrer Persönlichkeit? Welche Motive Ihrer Bezugsgruppen sprechen Sie bereits an (Kap. 2)? Sind Sie authentisch, also eine stimmige Einheit aus Denken, Fühlen und Handeln?
- **Bekanntheit und Image:** Wie bekannt sind Sie im Vergleich zu Ihren Konkurrenten? Stimmen Ihr Image und Ihr Erlebnisversprechen überein? Welche Nischen ergeben sich für Ihr Image? Welche Bestandteile Ihres Images sollten Sie stärken, welche beseitigen?
- **Instrumente:** Nutzen Sie optimal Ihr Äußeres, Ihre Kommunikation und Ihr Verhalten, um Ihre Persönlichkeit zu präsentieren? Ist Ihr Erscheinungsbild widerspruchsfrei? Vermittelt es Ihr Erlebnisversprechen?
- **Informationsinteresse und Mediennutzung der Bezugsgruppen:** Sie können Ihre Bezugsgruppen am besten mit Ihren Botschaften erreichen, wenn Sie wissen, welche Informationen diese benötigen und welche (Massen-)Medien sie hierfür nutzen.

Neben diesen allgemeinen Methoden gibt es für Ihre Markenführung eine Reihe von Selbstfindungs- bzw. Selbstmanagementübungen und Persönlichkeitstests – meist in Form von Fragebögen und Checklisten.

> **Praxistipp** Was machen Sie, wenn Ihnen keine Erkenntnisse vorliegen, zum Beispiel über Ihre Bekanntheit und Ihr Image? Gehen Sie in diesem Fall von Annahmen aus und planen weiter auf dieser Grundlage. Verfolgen Sie aufmerksam die weitere Entwicklung und schreiten Sie ein, wenn Sie die Annahmen korrigieren sollten.

5.2.1 Bewertung

Bewerten Sie die gesammelten Informationen nach gegenwärtigen Stärken und Schwächen sowie nach künftigen Chancen und Risiken: Worin sind Sie gut? Was muss besser werden? Was kommt auf Sie zu, das Sie berücksichtigen sollten? Sprachkenntnisse? Methodenkenntnisse? Fachkenntnisse? Prüfen Sie, was an Positiven und Negativem auf Sie zukommt.

- **Beispiele für Stärken:** Sie sind ausreichend bekannt. Sie haben ein klares Profil. Ihre Bezugsgruppen meinen, dass Ihre Leistung einzigartig ist. Ihre Kolleg*innen sind stolz, mit Ihnen zu arbeiten und unterstützen Sie tatkräftig.
- **Schwächen:** Sie sind nicht ausreichend bekannt. Sie gehören nicht zum engen Kreis jener Menschen, die für eine Entscheidung infrage kommen. Ihre Bezugsgruppen sind unzureichend über Ihre Leistung informiert. Sie haben eine schlechte Meinung. Man kann Sie nicht ausreichend von anderen Forschenden auf Ihrem Gebiet unterscheiden.
- **Beispiele für Chancen:** Ihre Kompetenz wird auch weiterhin bedeutend sein. Der Kreis jener Menschen, die Ihre Leistung in Anspruch nehmen könnten, nimmt zu. Ihre Leistung spricht Motive und Ziele von Menschen an, die künftig wichtiger werden wie Sinngebung, Wohlfühlen, Ausgleich.
- **Beispiele für Risiken:** Neue Forscher*innen aus aller Welt streiten mit Ihnen um Forschungsgelder.

Prüfen Sie, ob und welche Konsequenzen solche Entwicklungen für Ihre Markenführung haben.

▷ **Praxistipps**

- **Konkret formulieren:** Je genauer Sie formulieren, desto genauer können Sie Probleme lösen und Stärken nutzen. Beispiel: Zu geringe Bekanntheit bei den wichtigsten Wissenschaftsjournalisten. Der Bezugsgruppe A ist die Imagedimension 1 nicht bekannt.
- **Nur wichtige Aspekte berücksichtigen:** Meist kommen viele Aspekte in der Analyse zusammen, aber nicht alle sind gleich bedeutend. Kümmern Sie sich um die wichtigsten Aspekte.

5.2.2 Aufgabe

Ergebnis Ihrer Analyse ist das Ableiten Ihrer Aufgaben, also dem Handlungsbedarf: Welche Schwächen müssen Sie beseitigen? Welche Stärken können Sie
nutzen? Welche Chancen eröffnen sich Ihnen? Auf welche Risiken müssen Sie
sich vorbereiten? Die Stärken helfen, die Schwächen zu überwinden. Dies klingt
selbstverständlich, doch in der Praxis konzentrieren sich die Verantwortlichen
häufig nur auf ihre Schwächen, ohne ihre Stärken gezielt und kraftvoll zu nutzen.
Konkrete Aufgaben könnten sein:

- Sie müssen Ihre Bezugsgruppen über Ihre Leistung informieren.
- Sie müssen sich von Ihren Konkurrenten deutlicher unterscheiden.
- Sie müssen Teil jener Personen werden, die durch starke gedankliche Präsenz
  für eine Entscheidung infrage kommen.

Mit dem Formulieren der Aufgabe ist die Analyse zu Ende: Der Handlungsbedarf
ist formuliert. Dieser dient nicht dazu, kurzfristige Imagedefizite auszubauen, sondern eine langfristige Position in den Köpfen Ihrer Bezugsgruppen aufzubauen,
die wettbewerbsfähig und zukunftsfähig ist.

5.3 Planung

Sie haben Ihre Aufgaben formuliert: In der Planung geht es darum, wie Sie die
Aufgaben angehen: Sie besteht aus drei Kernelementen:

- **Ziele:** Was ist die Wirkung Ihrer Markenführung? Was wollen Sie erreicht
  haben?
- **Strategien:** Wie müssen Sie sich grundsätzlich verhalten, um an diese Ziele
  zu gelangen?
- **Mittel und Maßnahmen:** Wodurch können Sie diese Ziele erreichen?

5.3.1 Ziele

Ihre Ziele geben jenen Zustand an, den Sie erreichen wollen, also: Welche
Bekanntheit wollen Sie bis zu einem bestimmten Zeitpunkt erzielt haben? Welches Image haben Sie aufgebaut? Welche Meinungen haben Ihre Bezugsgruppen

über Sie entwickelt? Je genauer Sie Ihre Ziele formulieren, desto genauer können Sie den Erfolg Ihres Vorgehens prüfen.

Konkret bestehen Ziele aus drei Komponenten:

- **Was?** Der Inhalt sagt aus, welcher Zustand angestrebt wird.
- **Wie viel?** Das Ausmaß ist wichtig für die Intensität Ihrer Handlungen.
- **Wann?** Der Zeitpunkt legt exakt fest, wann etwas erreicht sein soll.

Einige Beispiele für Ziele:

- „In 6 Monaten bin ich bei allen 10 für mich wichtigen Wissenschaftsjournalist*innen bekannt."
- „In sechs Monaten ist allen meinen Kolleg*innen bekannt, dass ich einen Twitter-Account habe."
- „In zwei Monaten sind die Leitungen der relevanten Forschungseinrichtungen und Stellen, die Projektgelder vergeben, über mein Erlebnisversprechen informiert."

▶ **Praxistipps** Unterscheiden Sie zwischen Aufgaben und Zielen: Oft werden nur Aufgaben formuliert, wie etwa „Bekanntheit steigern" und „Image verbessern". Was sagt das aber aus? Welche Entscheidungen sollen Sie aus solchen Vorgaben ableiten? Wo werden Sie in einem Jahr stehen? Wo in drei Jahren? Und: Nicht alle Ziele sind gleich wichtig: Einige Ziele müssen Sie schnell erreichen, andere erst nach längerer Zeit. Unterscheiden Sie daher wichtige Oberziele und weniger wichtige Unterziele.

5.3.2 Strategien

Die Strategien sind die Grundrichtungen, die Sie einschlagen. Sie legen den bestmöglichen Weg zur Zielerreichung fest, also unter dem Einsatz von wenig Energie, wenig Geld, wenig Zeit. Manche vergleichen die Strategie mit einem Dach, unter dem sich die Einzelschritte (Taktik) befinden. Ein anderes Bild ist das der Strategie einer Leitplanke, die einen Autofahrer in der richtigen Spur hält.

Die Praxis zeigt, dass es im Rahmen der richtigen Strategie wahrscheinlicher ist, mit einer nur mittelmäßig umgesetzten gewöhnlichen Idee Erfolg zu haben als mit einer gut umgesetzten außergewöhnlichen Idee im Rahmen der falschen

Strategie – hinter einer guten Kampagne steht also immer eine gute Strategie. Wichtige Strategien sind:

- **Positionierungsstrategie:**Was macht mich einzigartig? Ist es die Leistung? Sind es meine Beziehungen?
- **Argumentationsstrategie:** Mit welchen Botschaften will ich überzeugen? Hierfür können Sie Ihr Erlebnisversprechen nutzen.
- **Kanalstrategie:** Über welche Kanäle will ich meine Bezugsgruppen ansprechen? Also durch persönliche Kommunikation, Printkommunikation oder digitale Kommunikation? Oder alles gemeinsam?
- **Reichweite:** Wollen Sie alle erreichen oder nur ein kleines Segment (Innovatoren)? Die wichtigsten Journalist*innen oder einen größeren Kreis? Nur Geldgeber*innen für ein bestimmtes Thema oder darüber hinaus?
- **Gebietsstrategie:** Dies beschreibt Ihren Wirkungskreis. Sie können lokal beginnen, nach drei bis fünf Jahren regional werden und vielleicht in zehn Jahren national oder gar international sein.

Beispiel Kanalstrategie
Kommunikationskanäle sind die persönliche Kommunikation, die Printmedien und die digitalen Medien:

Persönliche Kommunikation Persönliche Kommunikation ist besonders wirksam, weil sich die Gesprächspartner*innen sehen und durch ihre gesamte Erscheinung wirken können. Das Gespräch ermöglicht Erklären und Verstehen. Je stärker der Austausch ist, desto stärker nähern sich die Kommunikationspartner*innen an. Kein Instrument kann so starkes Vertrauen ermöglichen wie die persönliche Kommunikation. Informationen können sofort besprochen und erklärt werden, um Missverständnisse zu vermeiden. Persönliche Kommunikation kann Gefühle authentischer und glaubwürdiger vermitteln, sie kann verdeutlichen, wie wichtig Ihnen die Kommunikation mit dieser Bezugsgruppe ist. Allerdings ist persönliche Kommunikation oft aufwendig zu organisieren, weil sie die gleichzeitige Anwesenheit aller Beteiligten erfordert. Persönliche Diskussion ist mitunter schwer zu steuern, zum Beispiel im Fall von unangenehmen Fragen, die Sie nicht verhindern können.

Printmedien Printmedien in der eigenen Markenführung sind Bewerbungsschreiben, Newsletter und Briefe. Das Problem mit Gedrucktem ist, dass es in Zeiten der zunehmenden Informationsüberlastung immer weniger gelesen wird: Nur 20 Prozent der Leser*innen einer Zeitung lesen über den ersten Absatz hinaus! Stellen

Sie daher sicher, dass Ihre Druckschriften auch tatsächlich interessant sind, gelesen werden und dass Ihre Botschaften in Ihrem Sinn verarbeitet werden.

Digitale Medien Zu den digitalen Medien gehören E-Mails, Videokonferenz, Social Media. Zu den Vorteilen von digitaler Kommunikation gehört, dass Sie Informationen durch Bild und Ton anschaulich und lebendig darstellen können. Digitale Kommunikation erlaubt das Gespräch mit sofortigem Antworten.

5.3.3 Maßnahmen

Für den Einsatz der Maßnahmen und Instrumente gibt es kein Patentrezept, aber viele Möglichkeiten (Kap. 3). Hierin liegen zum einen der Reiz und zum anderen der Unterschied zu anderen Forschenden.

Kommunikation für Forschermarken
- **Wissenschaftsmagazine im TV:** Einstein, Terra X, Planet Wissen, Schätze der Erde
- **TED-Talks**
- **Print- und Online-Medien** wie ZEIT und Spiegel Wissenschaft
- **Konferenzen**
- **Talkshow**
- **Soziale Medien** wie Facebook, Twitter, Academia, ResearchGate
- **Wissenschafts-Blogs** wie der preisgekrönte der ETH Zürich
- **Wissenschaftsmagazine** wie der Max Planck Forschung

Science Slams erfreuen sich zunehmender Beliebtheit. Hierbei handelt es sich um Veranstaltungen, auf denen Forscher ihre Ergebnisse auf sehr unterhaltsame Weise einem breiten Publikum vorstellen. Sie sind ein wissenschaftliches Kurzvortragsturnier, bei dem Wissenschaftler ihre Forschungsthemen innerhalb einer vorgegebenen Zeit vor Publikum präsentieren. Im Vordergrund steht die populärwissenschaftliche Vermittlung wissenschaftlicher Inhalte. Die Bewertung erfolgt durch das Publikum.

Famelab Internationaler Wettbewerb zur Wissenschaftskommunikation für Studierende und junge Wissenschaftler*innen. Die Gewinner*innen aus den verschiedenen Ländern treten bei einem jährlichen internationalen Finale beim Cheltenham Science Festival gegeneinander an.

5.3.4 Weitere Planungselemente

Aus Zielen, Strategien und Maßnahmen leiten Sie das Budget sowie den Zeitplan ab: Der Zeitplan hält den Gesamtablauf sowie Einzelschritte, Maßnahmen, Termine und Zuständigkeiten fest. Dies dient dazu, Instrumente und Maßnahmen zu koordinieren und zu kontrollieren. Die Budgetplanung ermöglicht Ihnen zum einen, den Überblick über die Kosten zu behalten und zum anderen, Maßnahmen zu kürzen oder hinzuzufügen.

5.4   Kreation

In der Kreation gestalten Sie Ihre Maßnahmen mit Texten, Bildern und Aktionen: Welche Formulierungen verwenden Sie? Wie lauten die Überschriften, wie die Lauftexte? Welche Anforderungen gibt es an die Bilder? Welche Motive zeigen Sie? Sind die Motive einzigartig? Zu den allgemeinen Anforderungen an Texte und Bilder gehört, dass diese schnell erkannt und Ihnen eindeutig zugeordnet werden können. Folgende Voraussetzungen müssen hierfür geschaffen sein:

- **Aufmerksam machen:** Ihre Maßnahmen sollten aufmerksam machen. Das muss keine spektakuläre Inszenierung sein, sondern eine ganz nach Ihrem eigenen Stil. Aufmerksamkeit erregen Sie grundsätzlich, indem Botschaften neu und wichtig für die Bezugsgruppen sind.
- **Unterscheiden Sie sich:** Achten Sie daher auf die einzigartige Gestaltung Ihrer Medien im Vergleich mit anderen Forschenden. Hilfreiche Sätze hierfür sind: „Anders, als sie es kennen", „So haben Sie das noch nie gesehen" oder einfach das Prinzip „Abweichen von der Norm".
- **Nutzen Sie die Kraft von Bildern und Geschichten:** Bilder aktivieren und wirken stark. Nutzen Sie diese Chance, indem Sie durch Ihre Texte innere Bilder entstehen lassen (Abschn. 3.3.3).

Insgesamt sollte Ihre Maßnahmen aufmerksamkeitsstark sein, plakativ und bildhaft, um den Lese- und Wahrnehmungsgewohnheiten gerecht zu werden.

5.5   Kontrolle

Sie haben in Ihrer Planung Ziele gesetzt, die Sie erreichen möchten. Ob Ihnen dies gelingt und ob Sie immer auf dem richtigen Weg sind, dies müssen Sie steuern und kontrollieren. Hierfür legen Sie die Zeitpunkte Ihrer Kontrolle fest sowie die Kontrollinstrumente.

5.5.1   Zeitpunkte

Die Kontrolle kann zu drei Zeitpunkten stattfinden:

- **Vorher:** Ein Pre-Test bewertet eine Maßnahme, bevor sie stattfindet. Zum Beispiel lassen Sie einen Brief noch einmal von einer unabhängigen Person bewerten. Wird Ihr Brief verstanden? Kommt Ihre Botschaft an? Ist klar, wie der Angeschriebene handeln soll?
- **Laufend:** Sie bewerten während der Durchführung. Zum Beispiel achten Sie in den Gesprächen mit Ihren Bezugsgruppen darauf, ob sie wie geplant verlaufen. Haben Sie eine eigene Website geschaffen, wie dies in vielen Intranets möglich ist, können Sie die Qualität dieses Angebots prüfen lassen: Ist das Angebot übersichtlich? Können Informationen leicht gefunden werden? Transportiert die Website Ihr Anliegen und Ihre Persönlichkeit?
- **Nachträglich:** Sie können Ihre Maßnahmen nach der Durchführung prüfen: Sie bewerten, ob Sie Ihre Bezugsgruppen mit der Maßnahme erreicht haben, welche Informationen diese aufgenommen und wie sich dies auf die Meinung über sie ausgewirkt hat.

5.5.2   Methoden und Instrumente

Als Kontrollinstrumente dienen:

- **Befragungen:** Interviews mit Kolleg*innen, Gespräche mit Journalist*innen etc.
- **Beobachtungen:** auf Veranstaltungen, Beobachtung von Reaktionen im Internet etc.
- **Experimente:** Geben Sie jemand die Aufgabe, auf Ihrer Website nach bestimmten Informationen zu suchen und hierbei alles laut auszusprechen, was dieser Person dabei durch den Kopf geht („Protokoll lauten Denkens").

5.6   Übersicht

Sehr übersichtlich wird Ihr Plan, wenn Sie sich eine Tabelle mit allen gezeigten Schritten anlegen. Der Vorteil: Sie können genau überprüfen, ob Sie alle Schwächen beseitigen und alle Stärken nutzen werden. Andersherum können Sie alle Mittel und Maßnahmen daraufhin prüfen, welche Ziele sie verfolgen (Tab. 5.1).

Tab 5.1 Überblick über das Konzept. (Quelle: Adlmaier-Herbst 2019)

Bezugsgruppe	Stärken und Schwächen	Aufgaben	Ziele	Strategien	Maßnahmen	Kreation	Kontrolle
Wichtige Wissenschaftsjournalisten	Keine Bekanntheit	Kontakt aufbauen	Ende des Jahres kennen mich alle wichtigen Wissenschaftsjournalisten	Persönliche Kommunikation	Redaktionsbesuche Einladung in die Hochschule	Live-Demonstration der neuesten Forschungsergebnisse	Medienberichterstattung

Was Sie aus diesem *essential* mitnehmen können

- Der Forscher als Marke bedeutet, die Erkenntnisse der modernen Markenführung zu nutzen, um sich als Forscher zu profilieren.
- Im Mittelpunkt steht die eigene, einzigartige Forscherpersönlichkeit. Diese kann der Forscher erkennen, positionieren, vermitteln und entwickeln.
- Zu den wichtigsten Wirkprinzipien der eigenen Markenführung gehört die Klarheit: Jene, des Forschers von seiner eigenen Persönlichkeit und jene der Bezugsgruppen von dessen Beitrag zur eigenen Zielerreichung.
- Ergebnis der Markenführung ist das klare Image, das die wichtigen Bezugsgruppen von Forschern haben. Aufgrund dieses Images sind sie bereit, den Forscher stärker zu unterstützen als ohne dieses Image.
- Markenführung für Forscher ist ein systematischer und langfristiger Prozess.

Literatur

1. Angler, M.W. (2020): Science Storytelling: Warum Wissenschaft Geschichten erzählen muss. Wiesbaden: Springer Gabler.
2. Brink, G. (2010): Forschungsmanagement für den täglichen Gebrauch.
3. Dernbach, B. (Hrsg.) (2012): Vom Elfenbeinturm ins Rampenlicht: Prominente Wissenschaftler in populären Massenmedien. Wiesbaden. Springer Verlag.
4. Häuser, J. (2003): Marketing für Trainer. Kein Profi(t) ohne Profil. 2. Auflage. Bonn: Managerseminare Verlag.
5. Herbst, Dieter (2015): Corporate Identity, 5. Auflage. Berlin.
6. Herbst, D.G. (2014): Storytelling. 3. Überarbeitete Auflage. Köln: Halem Verlag.
7. Herbst, Dieter Georg (2012): Bilder, die ins Herz treffen. Bremen: Viola Falkenberg Verlag.
8. Herbst, Dieter (Hrsg.) (2003): Der Mensch als Marke. Göttingen: Business Village.
9. Herbst, D. (2008): Charisma ist keine Lampe. Wiesbaden: Springer Gabler.
10. Herbst, D. (2005): Praxishandbuch Markenführung. Berlin: Cornelsen.
11. Hommrich, Dirk (2019): Theatrum cerebri: Studien zur visuellen Kultur der populären Hirnforschung. Klagenfurter Beiträge zur Visuellen Kultur 8. Köln.
12. Kaeser, Eduard (2013): Pop Science: Essays zur Wissenschaftskultur. Basel.
13. Spall, Christopher/Schmidt, Holger J. (2019): Personal Branding: Was Menschen zu starken Marken macht. Wiesbaden: Springer Gabler.
14. Storch, Maja & Krause, Frank (2017): Selbstmanagement – ressourcenorientiert. Grundlagen und Manual für die Arbeit mit dem Zürcher Ressourcen Modell ZRM (6. Aufl.). Bern.

Schluss

Wir freuen uns, Ihnen Handwerkszeug für die eigene Markenführung an die Hand geben zu können, das Sie in Ihrer Forschung unterstützt. Wir freuen uns auf Ihr Feedback und stehen Ihnen gern für Rückfragen zur Verfügung.

© Der/die Herausgeber bzw. der/die Autor(en), exklusiv lizenziert durch
Springer Fachmedien Wiesbaden GmbH, ein Teil von Springer Nature 2021
G. Adlmaier-Herbst und A. Mayer, *Der Forscher als Marke,* essentials,
https://doi.org/10.1007/978-3-658-33068-2

Printed in the United States
by Baker & Taylor Publisher Services